LES CANARIS

E. Gismondi

LES CANARIS

EDITIONS DE VECCHI S.A.
20, rue de la Trémoille
75008 PARIS

Les photos de la couverture et de l'intérieur nous ont aimablement été fournies par l'auteur

Dessins de l'intérieur de A. Micheletti

Traduction de Florence Desallangre et Nathalie Rossi

Imprimé en Italie

Sommaire

Introduction

L'homme a toujours vu en l'animal une source de nourriture assurée. Mais cette nourriture avait la désagréable habitude de ne pouvoir sagement rester en place en attendant de se laisser abattre par le chasseur. Continuellement, elle lui échappait. L'homme découvrit alors bien vite qu'en plus de la viande, le plumage ou la fourrure, les animaux pouvaient lui fournir du lait ou des œufs. Cette constatation l'amena à la conclusion qu'une fois domestiqués, certains animaux, comme le cheval, le bœuf, pouvaient non seulement lui fournir de la viande, mais lui rendre également bien des services. Le chien se laissa apprivoiser par l'homme, lui prêta main forte durant la chasse et, surtout, lui offrit compagnie. Bien vite, l'homme se rendit compte que cette compagnie, en plus d'être utile, lui était bien agréable. En échange de nourriture ou de caresses, le chien se révélait être un compagnon fidèle. C'est ainsi que les chiens et les chats devinrent les premiers animaux de compagnie, bientôt suivis par les oiseaux.

En même temps qu'il procédait à la domestication des animaux, l'homme s'attacha à sélectionner parmi eux ceux qui offraient un intérêt particulier, soit d'un point de vue utilitaire, soit d'un point de vue esthétique. De nombreuses races de chiens et de chats, ainsi que de nouvelles variétés de poulets, colombes et autres oiseaux, et bien d'autres encore virent ainsi le jour.

Un joli Canari Gloster ébouriffé, qui hoche la tête au milieu des feuilles et des fleurs

Le Canari dont la découverte remontait au XIVe siècle, subit le même sort : l'homme en effet se rendit compte immédiatement que cet oiseau aux exigences modestes en matière de nourriture et d'espace était de surcroît un chanteur extraordinaire. De plus, il succomba au charme irrésistible du plumage du Canari. Aujourd'hui encore, la livrée du Canari en fascine plus d'un ! Grâce à la sélection, l'homme put doter de formes et de couleurs nouvelles ce petit oiseau chanteur qui vivait et se reproduisait en captivité sans poser de gros problèmes.

Si la passion pour les Canaris connut au fil du temps des hauts et des bas, il n'en est pas moins vrai qu'avec un Canari chez soi, l'ennui et la solitude n'existent pas. A lui seul, ce petit chanteur sait recréer un petit bout de nature.

Origine et histoire

Au XIVe siècle, des navigateurs génois découvrirent une myriade de treize îles situées à une centaine de kilomètres au large de l'Afrique occidentale espagnole (l'archipel des Canaries), dont la végétation luxuriante et la grande variété d'oiseaux bariolés au chant mélodieux les fascina. Parmi les habitants à plumes de cet archipel, il y avait un petit granivore à la livrée verte striée de gris-brun, talentueux chanteur, que Carl von Linné rangea dans l'ordre des passereaux et baptisa *Fringilla canaria* (*Serinus canarius* d'après les nouvelles classifications).

C'est ainsi que les habitants du vieux monde, les Européens, firent connaissance avec l'ancêtre du Canari actuel domestique. Ce n'est qu'en 1402 que le Canari aborda les rivages européens, grâce au navigateur Jean de Bethencourt, qui, après avoir conquis les îles Canaries, offrit ce petit oiseau à Henri II de Castille auquel il avait réclamé de l'aide.

Bien vite, le Canari séduisit toutes les cours européennes ; ce qui permit aux Espagnols, devenus entretemps maîtres des Canaries (1493), d'organiser un véritable commerce de ces charmants animaux. Ayant constaté que le Canari se reproduisait en captivité sans problèmes, les Espagnols, afin de conserver le monopole de ce commerce lucratif, interdirent l'exportation des Canaris femelles.

Mais à la fin du XVIe siècle, un bateau en provenance des Canaries

Deux Crested dessinés dans un livre de 1893 : déjà, les éleveurs français se passionnent pour les Canaris

fit naufrage non loin de l'île d'Elbe, et sa précieuse cargaison s'envola dans les airs... Il s'agissait de Canaris qui s'adaptèrent à merveille à leur nouvel environnement et s'accouplèrent aux oiseaux autochtones. Avec la capture de ces nouveaux exemplaires, l'élevage des Canaris prit son essor et gagna de l'importance.

Très vite, les éleveurs et les commerçants italiens franchirent les Alpes et proposèrent leurs excellents « produits » au Tyrol, en Suisse, en Belgique, en France, en Hollande, mais aussi en Suède, en Russie, en Turquie et en Egypte. Jusqu'au début du XIXe siècle, les plus grands centres d'élevage de Canaris étaient localisés dans le Sud de l'Allemagne et dans le haut Tyrol. Le village minier de Imbst, au Tyrol, compta parmi les tout premiers centres d'élevage. De là, les paysans et les mineurs se rendaient en Italie pour y acheter des spécimens qu'ils revendaient ensuite dans toute l'Europe. Ces marchands ambulants se mettaient en route au mois d'août et ne revenaient qu'au Carême, chargés de hottes remplies de Canaris pour une valeur de 350 florins. Outre cette somme d'argent, ils avaient également emporté de quoi faire des emplettes sur leur chemin.

Au XVIIe siècle, plus de huit mille

MUTATION DE COULEUR

C'est vers 1670 que le premier Canari jaune vit le jour, à la suite d'une anomalie dans la couleur du manteau. A partir de ce jour, les Canaris perdirent grâce à l'habileté des éleveurs leurs teintes sauvages ; ils abandonnèrent leur livrée verdâtre pour devenir des chanteurs d'agrément au manteau jaune mordoré.

Groupe de Canaris

Canaris étaient élevés annuellement dans la ville de Nuremberg, par des artisans le plus souvent. Ce commerce atteint des proportions telles que les autorités se virent dans l'obligation de voter des lois sévères empêchant le commerce frauduleux de certains marchands, qui vendaient sous l'appellation « Canaris de Nuremberg » des Canaris provenant d'autres localités.
La passion pour l'élevage des Canaris gagna toute l'Europe. C'est surtout son chant mélodieux qui fit obtenir au Canari un tel succès. Les amoureux des oiseaux s'émer-

LE PRECEPTEUR D'OISEAUX

L'enthousiasme créé par le chant des Canaris finit par donner naissance à un nouveau métier : précepteur d'oiseaux. Personnage insolite, il allait chez les riches, rois et princes, instruire ses élèves au moyen de flûtes et de pipeaux. Il leur rendait visite plusieurs fois par semaine et ne les dispensait de cours qu'en période de couvaison et de mue.

Logé dans une cage adéquate, cet Harzer Roller chante aujourd'hui tout comme chantaient ses ancêtres, compagnons des mineurs dans les montagnes de l'Harz

veillèrent de sa beauté et de sa souplesse. Ils le firent bénéficier d'une instruction musicale au moyen de flûtes et de pipeaux et lui donnèrent comme professeur de chant le rossignol.

Un jour dans les monts du Harz, un homme constata que son Canari cherchait à imiter les chansons qu'il sifflotait en travaillant. Avec cette ténacité caractéristique des montagnards, il réussit à dresser merveilleusement son petit animal, qui devint le premier d'une lignée célèbre de chanteurs merveilleux, comptant aujourd'hui encore parmi les meilleurs Canaris chanteurs élevés en captivité et connus sous le nom de *Harzer Roller* (Canari du Harz).

C'est aux mineurs, principalement aux mineurs autrichiens, que revient le mérite d'avoir sélectionné et diffusé le Harzer. L'élevage des Canaris, qu'ils pratiquaient à peine sortis des labyrinthes obscurs de la mine, dans leurs maisons cachées dans la verdure, leur permettait d'oublier leur dur labeur quotidien. En outre, les Canaris, de préférence âgés, servaient à avertir les mineurs de la présence éventuelle de gaz. Cette pratique a encore cours dans les mines d'Angleterre et d'Union soviétique.

Un siècle environ après l'introduction du Canari en Europe, apparurent les premiers Canaris au plumage jaune. Grâce à son caractère dominant, cette mutation se perpétua et évolua par la suite en donnant naissance à des teintes diverses de plumage. Le Canari ne subit pas seulement des mutations de

LES RACES ACTUELLES

Une trentaine de races de Canaris sont reconnues officiellement au niveau national et international :
a) les Canaris chanteurs : trois races ;
b) les Canaris de couleur : une race (avec 282 nuances chromatiques différentes) ;
c) les Canaris de forme et de posture : 25 races.

couleur, mais également de taille, de forme et de posture. C'est ainsi que naquirent les très nombreuses races de Canaris présentes aujourd'hui encore grâce au savoir-faire d'éleveurs du monde entier, dont le nombre n'a d'égal que le succès remporté actuellement encore par ce petit Fringillidé.

Aujourd'hui encore les îles Canaries, l'île de Madère et l'archipel des Açores comptent des Canaris sauvages peuplant les bois ou les jardins traversés de cours d'eau. Ils vivent en petits groupes qui se divisent en couples au moment de l'époque de la reproduction. Dès le mois de février, le mâle, perché sur un des arbres de son territoire, appelle sa compagne en chantant à gorge déployée. Il entonne également ce type de chant lors de la couvaison, pour tenir compagnie à son épouse.

Les couvées, de trois à quatre par an en fonction du climat, comportent chacune trois à cinq œufs. La nourriture des oisillons se compose de graines, de légumes sauvages, constituant l'alimentation de base, d'insectes qui aident à leur croissance. En raison de leur facilité de reproduction, les Canaris sauvages sont encore très répandus sur les îles dotées d'une végétation luxuriante : la Grande Canarie et Ténériffe. En revanche, ils sont pratiquement absents des îles très volcaniques telles que Lanzarote et Fuerteventura. Ils se capturent et se reproduisent alors en captivité sans difficulté, s'accouplant même à des femelles nées en cage.

Exemplaire de Canari jaune, remarquable par ses dimensions et son allure

Classification scientifique

Au cours du chapitre précédent, nous avons vu qu'il existe actuellement une trentaine de races comportant en tout 282 couleurs différentes. Mais aussi différents soient-ils, ces Canaris ne constituent que la variante apprivoisée de leur ancêtre sauvage originaire des îles Canaries, de l'île de Madère et de l'archipel des Açores. Toutefois, la classification scientifique est identique d'une race à l'autre.
Les naturalistes rangent dans l'ordre des passereaux plus de la moitié des oiseaux. Cet ordre rassemblant des espèces très différentes les unes des autres tant du point de vue de la taille que de l'aspect, en décrire les caractères généraux en adoptant une méthode globale se révèle assez compliqué.

CLASSIFICATION SCIENTIFIQUE DES CANARIS

- ***Règne :*** *animal*
- ***Sous-règne :*** *métazoaires*
- ***Type :*** *vertébrés*
- ***Classe :*** *oiseaux*
- ***Ordre :*** *passereaux*
- ***Famille :*** *Fringillidés*
- ***Genre :*** *Serinus*
- ***Espèce :*** *Serinus canarinus*

Parmi tous les membres de la classe des oiseaux, les passereaux passent pour être les plus évolués : ils possèdent en effet de très nombreux dons physiques et sont « intelligents ». Leur agilité et leur vi-

Canari en sûreté sur les branches

CARACTERES GENERAUX DES PASSEREAUX

- ***Bec*** *de forme très variable et dépourvu de cire.*
- ***Palais*** *avec vomer large dont l'extrémité est tronquée.*
- ***Tibias*** *recouverts de plumes jusqu'à l'articulation tibio-tarsienne.*
- ***Pattes*** *munies de quatre doigts dont un est tourné vers l'arrière.*
- ***Ailes*** *comprenant neuf ou dix rémiges primaires.*
- ***Queue*** *possédant douze rectrices.*
- ***Sternum*** *à deux encoches ou deux scissures.*
- ***Progéniture*** *incapable de se nourrir seule.*
- ***Syrinx*** *doté de quatre ou sept paires de muscles qui font du Canari un excellent chanteur.*
- ***Répandu*** *dans de nombreux pays.*

vacité les rendent capables d'avoir partout le dessus sur tous les autres oiseaux. Leur grande mémoire leur sert à retrouver des lieux connus ou à tirer profit des expériences vécues. Ils se nourrissent aussi bien de substances végétales qu'animales telles que des insectes. Cet ordre comprend également bon nombre d'oiseaux de cage et de volière qui s'adaptent à la vie en captivité et se reproduisent sans trop de difficultés.

Parmi les soixante-sept familles formant l'ordre des passereaux, le Canari appartient à la famille des Fringillidés. Ces oiseaux se caractérisent par un bec conique plus ou moins gros et par des pattes as-

sez courtes pourvues de doigts courts aux griffes fragiles. Ils possèdent des ailes d'une longueur variable, à neuf rémiges, et une queue presque toujours courte, ou de longueur moyenne tout au plus. Mis à part quelques exceptions, le plumage des mâles et des femelles diffère. Vifs et intelligents, ces oiseaux volent très vite, sautent admirablement bien, mais surtout sont des chanteurs si doués qu'ils frisent souvent la perfection.
A l'exception de l'Antarctique, de

NOMENCLATURE DU CANARI

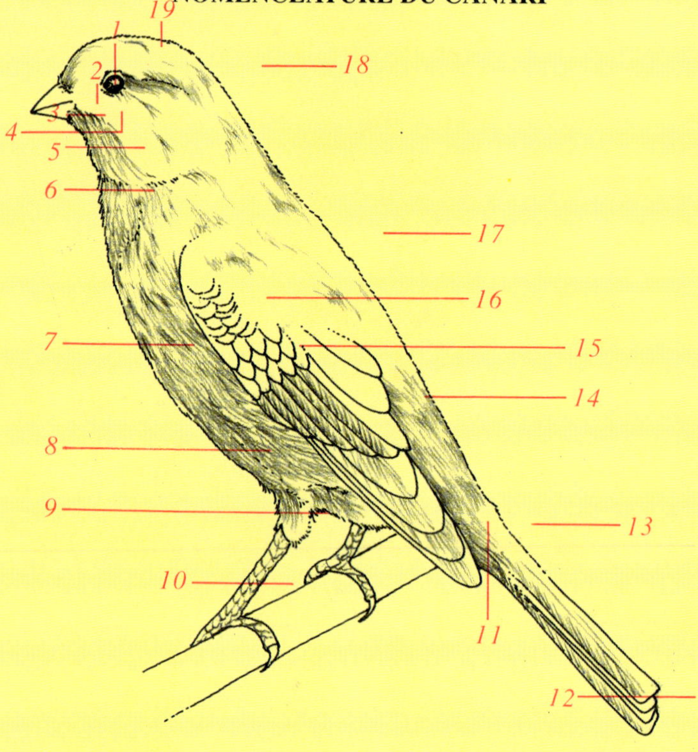

1. Narines; 2. Mâchoire supérieure; 3. Bec; 4. Mâchoire inférieure; 5. Menton; 6. Gorge; 7. Poitrine; 8. Abdomen; 9. Cuisse; 10. Tarse; 11. Plumes rémiges; 12. Plumes rectrices; 13. Plumes recouvrant la queue; 14. Plumes rémiges secondaires; 15. Plumes primaires de couverture; 16. Plumes secondaires de couverture; 17. Dos; 18. Nuque; 19. Sommet

l'Océanie, (où l'homme a toutefois introduit certaines espèces), et de Madagascar, les Fringillidés peuplent toutes les régions du globe ; les plaines, les montagnes et quasiment tous les autres types de reliefs.

Vous avez pris connaissance des principales caractéristiques des membres de l'ordre des passereaux et de la famille des Fringillidés : vous avez noté qu'ils présentent une infinité de dons ? Il en va de même pour les Canaris.

Un corps recouvert de plumes, des membres antérieurs transformés en ailes : c'est ce qui caractérise principalement les oiseaux et donc les Canaris

Anatomie et morphologie

Il ne suffit pas d'acheter un Canari en bonne santé, de le placer dans une jolie cage en lui donnant une alimentation appropriée et les soins quotidiens requis, pour prétendre connaître ces charmants animaux à plumes. Pour être toujours à même de comprendre et d'aider si besoin est votre petit ami, vous devez posséder quelques notions d'anatomie et de morphologie.

Le Canari, vertébré appartenant à l'ordre des passereaux et à la famille des Fringillidés, est un oiseau regroupant à lui seul toutes les caractéristiques des membres de sa classification scientifique : corps recouvert de plumes et de pennes, membres antérieurs transformés en ailes aptes au vol, certains os creux allégeant son squelette, os maxillaires et mandibules revêtus d'une gaine cornée formant le bec ; il est ovipare : les petits ne se développent pratiquement pas à l'intérieur de leur mère.

Maintenant, étudions de plus près quelques-unes des caractéristiques morphologiques et anatomiques les plus importantes.

Le **corps** du Canari, fuselé et aérodynamique, mesure selon les races de 11,5 à 23-24 cm, queue comprise.

Son **squelette** est très léger, car il est formé surtout d'os plats et spongieux, et d'os longs et creux, qui communiquent avec l'appareil respiratoire par des diverticules (sacs aériens) et se remplissent d'air. Cette particularité le rend léger (il ne pèse en effet qu'une

LE SQUELETTE

1. Crâne; 2. Os métacarpien; 3. Trou cervical; 4. Carpe; 5. Atlas; 6. Axis; 7. Cubitus; 8. Radium; 9. Vertèbres cervicales; 10. Omoplate; 11. Humérus; 12. Cestus pelvien; 13. Région caudale ou porte-queue; 14. Vertèbres thoraciques ou dorsales; 15. Clavicule; 16. Vertèbres pelviennes; 17. Fémur; 18. Côtes; 19. Sternum; 20. Péroné; 21. Tibia; 22. Métatarse

vingtaine de grammes). A l'instar de celui des autres vertébrés, le squelette du Canari comprend la *tête*, la *colonne vertébrale*, les *côtes*, le *sternum*, les *membres inférieurs* et les *membres supérieurs*. Les vertèbres, au nombre de 35, se divisent en *vertèbres* cervicales, thoraciques, lombo-sacrées et caudales.

PARTICULARITES DU SQUELETTE

Le Canari ne possédant pas de région lombaire mobile, il ne peut donc plier le tronc. Cette caractéristique s'explique par le fait qu'au sol, son corps est soutenu par les membres inférieurs tandis qu'en vol, il l'est par les ailes. Une certaine rigidité de son squelette est donc nécessaire au soutien de son corps.
Les côtes, soudées aux sept premières vertèbres du tronc, sont réunies sur le devant par un os plat et allongé appellé sternum.

LE STERNUM

Il s'agit d'un os plat et concave présentant deux scissures et traversé au milieu par une crête osseuse, le bréchet. Le bréchet augmente considérablement le plan d'insertion des puissants muscles pectoraux qui servent à mouvoir les ailes.

La **tête**, reliée au reste du corps par les quatorze vertèbres cervicales, se compose d'os plats et spongieux et se divise en *crâne cervical* et *crâne facial*.
Grâce à la position latérale de ses yeux ronds, marron ou rouges selon les variétés, le Canari jouit d'un meilleur champ de vision du monde qui l'entoure. Le globe oculaire n'est pas sphérique mais légèrement en tronc de cône, particularité qui confère au Canari une très grande surface rétinienne et donc une vue très perçante. Le Canari possède un *bec* conique de couleur chair à l'extrémité quelquefois plus foncée. Sa partie supérieure, légèrement plus longue, forme une sorte de pince qui lui sert à mieux attraper les graines.
A l'intérieur du bec, la *langue* est pourvue de nombreuses papilles gustatives et tactiles qui lui permettent de mieux apprécier la nourriture. Avec sa langue, le Canari place du mieux qu'il peut la nourriture entre ses mâchoires afin de la broyer.
De chaque côté de la tête se trouvent les *oreilles*, formées de deux ouvertures recouvertes de plumes.
L'*ouïe*, plutôt développée, l'est cependant moins que la vue, le sens incontestablement le plus développé chez les oiseaux.
Le **plumage** est constitué de *pennes* et de *plumes*. Les pennes sont de longues plumes résistantes ; elles recouvrent certaines parties du corps, forment les ailes et la queue et rendent le Canari apte au vol.

Les plumes, de taille nettement plus modeste, recouvrent tout le corps et jouent un rôle protecteur et thermorégulateur (la température interne du Canari varie entre 40 et 42 °C).

Les **pattes** se divisent en plusieurs parties : le *fémur*, la *rotule*, le *pé-*

STRUCTURE DES PENNES

Une penne est formée d'un axe principal, la tige centrale ou rachis, d'un calamus et d'un vexillum formé de filaments cornés parallèles entre eux : les plus grands s'appellent barbes et les plus petits barbules. Les barbules à crochets s'accrochent aux barbules lisses de la barbe contiguë, elles favorisent la résistance et l'adhésion entre elles des barbes des ailes rémiges. La solidité et l'élasticité de leur structure permettent aux barbes de se détacher les unes des autres ou de se coller entre elles à tout moment : c'est ce qui se passe lorsque les Canaris lissent leur plumage à l'aide de leur bec.

PLUME DE CANARI

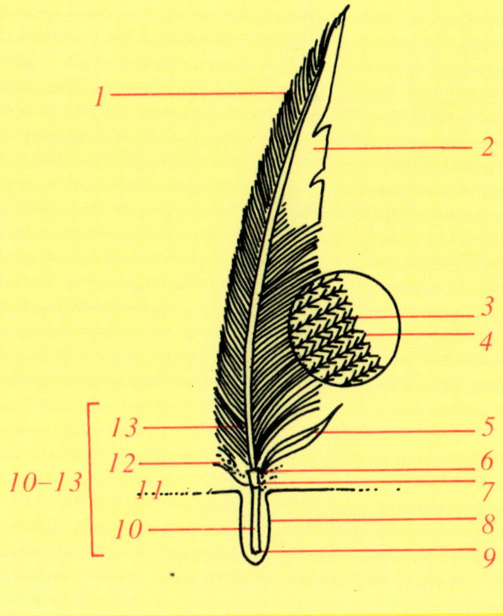

1. Vexille externe; 2. Vexille interne; 3. Barbes; 4. Barbules; 5. Rachis accessoire; 6. Ombilic supérieur; 7. Chiffon; 8. Follicule; 9. Ombilic inférieur; 10. Tuyau; 11. Epiderme; 12. Barbes disjointes; 13. Rachis

APPAREIL UROGENITAL MALE

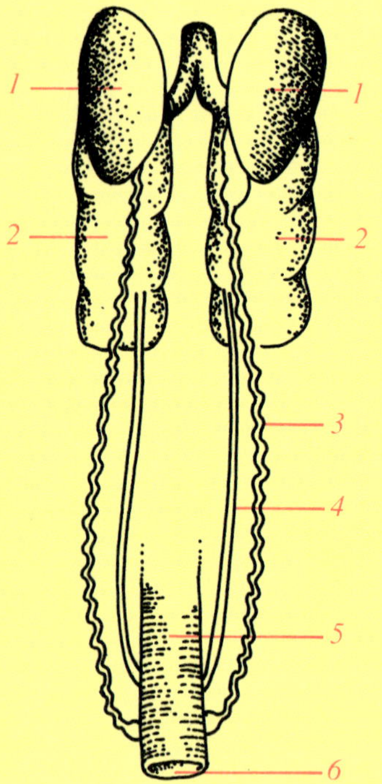

1. Testicules; 2. Reins; 3. Vaisseau déférent; 4. Uretère; 5. Intestin; 6. Cloaque

APPAREIL UROGENITAL FEMELLE

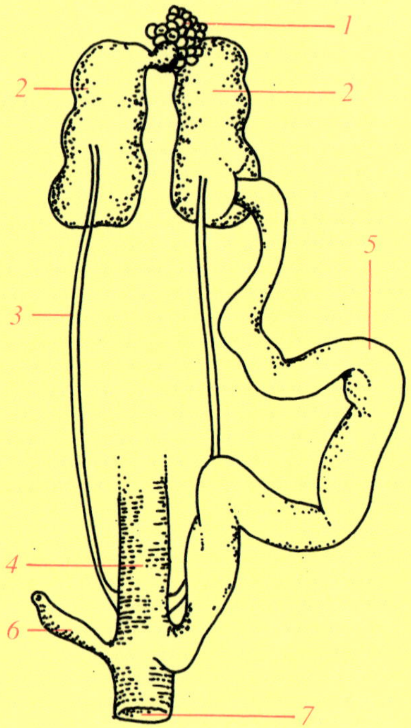

1. Ovaire gauche; 2. Reins; 3. Uretère; 4. Intestin; 5. Oviducte gauche; 6. Oviducte droit; 7. Cloaque

roné, le *tibia*, le *calcaneum*, le *métatarse* et quatre *doigts*, dont trois dirigés vers l'avant. Le Canari se sert de ses pattes pour marcher, s'accrocher aux branches ou encore se gratter. En revanche, il ne les utilise pas pour amener la nourriture à son bec.

L'**appareil musculaire** se compose de muscles bien développés, tels

APPAREIL DIGESTIF

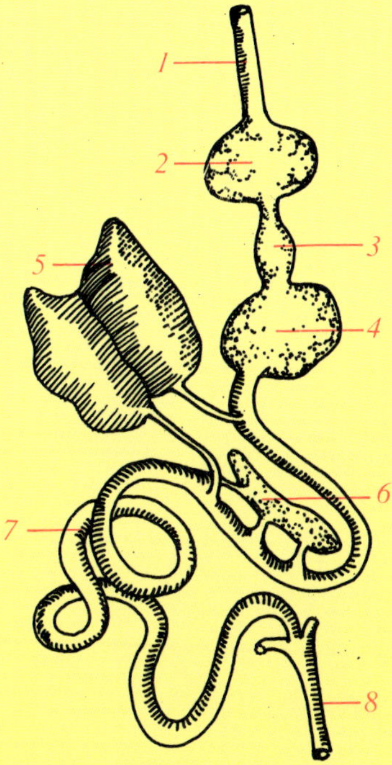

1. Œsophage; 2. Jabot; 3. Estomac glandulaire; 4. Gésier; 5. Foie; 6. Pancréas; 7. Intestin; 8. Rectum

L'EMISSION DU CHANT

Le chant du Canari est émis par les cordes vocales du syrinx qui vibrent au passage de l'air provenant des sacs aériens préalablement remplis d'air. Ce fonctionnement présente de très grandes ressemblances avec celui de la cornemuse sauf que dans ce cas précis, le son est émis par les cordes vocales du cornemuseur qui vibrent au passage de l'air pulsé par les poumons.

les pectoraux, qui, nous l'avons vu précédemment, sont collés au sternum et actionnent les ailes.

L'**appareil respiratoire** comprend les fosses nasales, le pharynx, les bronches, les poumons mais aussi des structures très particulières portant le nom de *sacs aériens*. Ces sacs traversent une partie des os, qu'ils remplissent d'air à chaque acte respiratoire. Ils allègent le squelette et oxygènent en continu les tissus musculaires.

Les Canaris sont particulièrement appréciés pour leur ramage, émis grâce au *syrinx*, ou *larynx inférieur*. Composé d'une série de huit paires de muscles, celui-ci se trouve à la bifurcation de la trachée, dans les bronches.

L'**appareil digestif** est en gros formé d'un long tube parcourant le corps du Canari et caractérisé par une série de dilatations et de restrictions diverses. Il comprend la *cavité buccale*, formée du bec et du pharynx, l'*œsophage*, comprenant une poche appelée jabot, l'*estomac*, divisé en estomac glandulaire et en estomac musculaire ou gésier, et les *intestins* composés de l'intestin grêle, du gros intestin, du cæcum et du cloaque.

Chez les mâles, l'**appareil génital** se compose des *gonades* ou *testicules*, des *canaux déférents* et de l'*organe servant à la copulation*.

Chez la femelle, il est constitué de l'*ovaire gauche* (l'ovaire droit s'atrophie et disparaît complètement au moment du développement embryonnaire), et de l'*oviducte*. Les *œufs*, produits par l'ovaire, descendent le long de l'oviducte, et s'y développent pour former l'albumen et la coquille.

STRUCTURE DE L'ŒUF

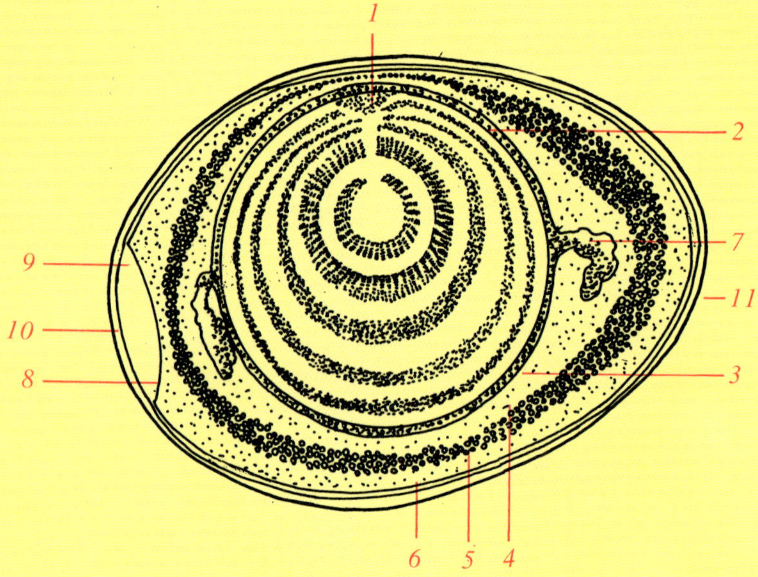

1. Disque germinatif (cicatricule); 2. Membrane vitelline; 3. Albumen dense interne; 4. Albumen liquide interne; 5. Albumen dense externe; 6. Albumen liquide externe; 7. Germe; 8. Membrane testacée interne; 9. Poche d'air; 10. Membrane testacée externe; 11. Coquille

Réfléchissez bien avant d'acheter votre Canari

Il arrive fréquemment qu'en passant devant un magasin d'animaux, nous restions en arrêt devant la vitrine contenant des cages abritant de fascinants petits Canaris bigarrés.
Pour peu que les oiseaux exposés soient des mâles, vous pourrez alors en apprécier pleinement le chant, et vous jouerez peut-être avec l'idée d'en posséder un pour profiter chez vous de sa beauté et de son chant.
Mais attention ! On n'achète pas un Canari comme on achète une robe ou une belle cravate. Il s'agit cette fois d'un être vivant avec ses exigences propres qui vivra de dix à douze ans si vous le soignez comme il convient.

N'OUVREZ PAS LA CAGE AUX OISEAUX...

Si vous n'avez plus envie de garder votre Canari, ne lui rendez surtout pas sa liberté. Sinon, il serait condamné à mourir de faim ou à être capturé par un chat à la patte leste.
Les Canaris habitués à vivre en cage sont incapables en effet d'assurer tout seuls leur subsistance et de se défendre des prédateurs.
Optez pour la solution la plus raisonnable : adressez-vous à un marchand de confiance qui pourra vous aider à le placer.

Même avec sa queue cassée, sans doute dans une rixe avec d'autres mâles, ce Canari rouge orange vif attire notre attention

Caractéristiques des Canaris

Les Canaris sont de petits oiseaux pleins de vie, dont l'attention est constamment en éveil, et toujours en mouvement. Comme certains auteurs ont coutume de dire, « La joie de vivre de ces animaux éclate par tous leurs pores ». Ceci ne va pas sans poser quelques problèmes plus ou moins importants, qu'il importe de bien apprécier avant de décider d'acheter un Canari.

PROBLEMES PETITS ET GRANDS

- *Le sautillement continuel d'un perchoir à l'autre risque de vous agacer.*
- *Temps à consacrer : pour nourrir votre Canari, lui donner de l'eau et nettoyer sa cage.*
- *Un Canari n'a pas d'heures pour chanter... cela risque de vous déranger, surtout si vous habitez en appartement.*
- *Problème de la saleté : la nourriture et les plumes tombent de la cage.*
- *Une cage nécessite de l'espace.*
- *Que ferez-vous de votre Canari pendant les vacances ?*
- *Le Canari étant très sociable, il a besoin de compagnie.*
- *Problème des frais d'achat et d'entretien, même s'ils sont assez modestes.*
- *Allergie éventuelle aux plumes.*

Vous vous dites à présent que vous éviteriez bien des problèmes en vous gardant d'acheter un Canari !

LES QUALITES DU CANARI

- *Très vifs, ces animaux sont de compagnie très agréable.*
- *Les mâles chantent admirablement.*
- *Leurs couleurs éclatantes et la richesse de leur plumage les rendent très séduisants.*
- *Ils s'adaptent et se reproduisent facilement en captivité.*
- *Ils amènent à domicile une parcelle de nature.*
- *Ils peuvent aider un enfant à mieux saisir les mystères de la nature et à prendre sous sa responsabilité la vie d'un autre être vivant aux exigences somme toute modestes.*

Le Canari frisé est l'un des plus beaux exemplaires qu'on puisse avoir

Mais la compagnie d'un Canari présente également des avantages. Passons-les en revue :

Les vacances

Laisser votre Canari seul ne pose pas de problèmes si votre absence se limite à quelques jours. Veillez absolument à remplir ses mangeoires et augets de nourriture et d'eau. En revanche, si votre absence devait se prolonger, demandez à votre voisin de lui donner à boire et à manger tous les deux ou trois jours. C'est la meilleure solution : ainsi, votre Canari pourra rester dans sa cage, dans son environnement familier.
Si vous avez la possibilité de l'emmener avec vous en vacances, pen-

LES MAGASINS D'ANIMAUX : UNE AIDE PRECIEUSE LORS DES VACANCES

Souvent, le magasin où vous avez fait l'acquisition de votre petit ami est en mesure de le garder pendant votre absence. En échange d'une compensation financière que vous aurez fixée avec le marchand, votre Canari sera placé entre de bonnes mains, et ne manquera de rien.

sez à le transporter dans de bonnes conditions pour lui éviter de prendre peur ou de souffrir de courants d'air dangereux. Une fois à destination, veillez à le transférer à nouveau dans sa cage habituelle.

Cohabitation avec les autres animaux

Il y a peu de risques qu'un Canari en cage gêne un autre animal domestique. Votre chien essaiera certainement de le capturer ; mais vous pourrez facilement lui faire comprendre que ce petit oiseau n'est pas un jouet. Le problème se complique si vous possédez un chat : il se résoudra difficilement à ne pas faire une seule bouchée de votre Canari. S'il s'entêtait à vouloir le capturer, alors séparez-les : les attaques continuelles du chat risqueraient de causer chez le petit oiseau des traumatismes mortels.
Quant à l'éventuelle cohabitation avec d'autres volatiles à l'intérieur de la même cage, un conseil : évitez de donner pour compagnons à votre Canari des oiseaux beaucoup plus grands que lui, ils risqueraient

En haut : on peut s'attendre à une belle nichée de la part de ce couple d'Agates rouge orange mouchetés (la femelle est à droite)

En bas: un joli groupe de Canaris

Ce Norwich dodu ressemble à un animal en peluche, mais il ne faut pas le traiter comme tel

de l'importuner. Dans tous les cas, il faut veiller à ce que la cage soit suffisamment spacieuse (volière).

Cohabitation avec les enfants

Les enfants, nous l'avons déjà mentionné, peuvent tirer profit d'un Canari domestique. Mais ils doivent avoir au moins huit ou

LE CANARI N'EST PAS UN JOUET EN PELUCHE

Les Canaris ne sont pas des animaux qu'on peut prendre dans ses mains et caresser comme un lapin ou un cobaye. Bien vite, ils n'offrent plus grand intérêt aux petits enfants qui éprouvent le besoin de toucher et d'étreindre tout ce qui les entoure.

neuf ans pour comprendre les besoins de leur petit compagnon, et pouvoir le nourrir et le soigner.
Les parents devront s'assurer que tout se déroule le mieux du monde. Ne grondez pas votre enfant s'il a oublié de donner à manger au Canari : essayez de lui faire plutôt comprendre que son petit ami risque, en cas d'oubli, de mourir de faim...
Voici en quels termes se pose l'achat d'un Canari. Pour être absolument sûr que vous désirez bien un Canari, répondez sans tricher aux questions suivantes : si vous y répondez toujours par l'affirmative, alors, faites votre choix.[1]

QUESTIONS A SE POSER AVANT D'ACHETER UN CANARI

- *Suis-je disposé à supporter sous mon toit et pendant plusieurs années un Canari souvent très vif ?*
- *Ma maison est-elle assez grande pour loger une cage dans de bonnes conditions ?*
- *Suis-je disposé à supporter la saleté et les plumes qui tombent de la cage ?*
- *Le fait qu'il ne cesse une seconde de sauter d'un perchoir à l'autre ne risque-t-il pas de mettre mes nerfs à rude épreuve ?*
- *Son chant me dérangera-t-il parfois ?*
- *Ai-je déjà des chiens ou des chats chez moi ?*
- *Ai-je assez de temps à lui consacrer pour lui tenir compagnie, le nourrir et nettoyer sa cage ?*
- *Puis-je l'emmener en vacances avec moi ou trouver une solution pour le faire garder ?*
- *Mes enfants sont-ils assez grands pour s'en occuper correctement ?*
- *Suis-je disposé à supporter les coûts d'entretien de ce petit animal, même s'ils sont réduits ?*
- *Suis-je (moi ou les autres membres de la famille) allergique aux plumes et à la poussière d'oiseaux ?*

Si vous avez répondu à toutes ces questions par oui et par deux non au maximum, vous pouvez sans aucune crainte décider d'acquérir un Canari, et soyez tout à fait assuré que cette nouvelle cohabitation vous procurera bien des joies et satisfactions.

[1] Pour d'autres reinsegnements consulter *Grand livre des canaris*, de R. Brunelli chez le même éditeur.

L'achat

Au cours du chapitre précédent, nous avons évoqué les réflexions qui devraient venir à l'esprit avant de décider d'acheter un Canari. A présent, vous avez une idée claire sur la question, et vous voulez dès maintenant choisir le futur ami que vous allez accueillir chez vous. Mais où allez-vous l'acheter ? Il existe trois possibilités :

OU ACHETER VOTRE CANARI

- *Chez un marchand d'animaux.*
- *Auprès d'un éleveur.*
- *En répondant à une petite annonce.*

Trouver un magasin spécialisé dans la vente d'animaux ne pose pas de difficultés ; il en existe sûrement un à deux pas de chez vous. Sinon, consultez les pages jaunes de l'annuaire, vous trouverez les adresses utiles. Dans un magasin spécialisé, vous aurez le choix entre différentes variétés de Canaris. En outre, vous pourrez vous procurer la cage et les aliments nécessaires. Mais souvent, le marchand ayant d'autres clients à servir, dispose de peu de temps à vous consacrer, et il ne vous donnera pas assez d'informations pour guider votre choix.
Un éleveur, en revanche, saura vous renseigner sur la façon d'élever vos Canaris et de les destiner à la reproduction. Cet interlocuteur pri-

Magasin où l'on peut se procurer des Canaris

vilégié répondra à toutes les questions que vous lui poserez. Toutefois, les éleveurs étant souvent spécialisés dans des races et des variétés spécifiques, ils ne disposent pas d'un choix très vaste de Canaris. Et puis, reste à savoir où dénicher leurs adresses : par le biais d'un marchand spécialisé ou en visitant des expositions ornithologiques, vous réussirez à obtenir ces renseignements.

COMMENT SE PROCURER LES ADRESSES DES ELEVEURS

De septembre à janvier, la Fédération française d'ornithologie (FFO, située à La Barre-de-Monts, en Vendée) organise, par le biais de nombreuses associations, des expositions ornithologiques où des milliers de Canaris se disputent les nombreux prix mis en lice. A cette occasion, les éleveurs exposent leurs spécimens ; voilà l'occasion idéale pour faire leur connaissance et prendre rendez-vous avec eux afin de choisir sans se presser votre Canari. Souvent, ces expositions sont déjà l'occasion d'acheter des sujets sur lesquels des personnes expertes et qualifiées vous donnent un avis. En outre, vous aurez ainsi la certitude de ne pas vous tromper sur la valeur de votre oiseau. Pour savoir où et quand se déroulent ces expositions, consultez la rubrique locale des quotidiens ou téléphonez à la FFO au numéro suivant : 51.68.56.23.

Vous pouvez également répondre à une petite annonce parue dans le journal. Dans ce cas, il est préférable de vous rendre sur place, chez la personne qui propose les Canaris. Refusez qu'il vous les envoie par la poste ou par le train : les Canaris risqueraient de ne pas supporter le voyage et d'être morts en

Les expositions ornithologiques sont l'endroit idéal pour voir les Canaris et contacter des éleveurs experts en mesure de donner des informations sur l'élevage et, pourquoi pas, de vendre quelques individus

arrivant à destination. Et puis, vous n'auriez pas la possibilité de choisir votre Canari, vous devriez faire confiance à un inconnu ; comment être sûr de pouvoir obtenir qu'on vous échange votre Canari s'il ne correspond pas à vos attentes ?

Choisir un sujet en bonne santé

Vous savez où acheter votre Canari ; il vous reste à faire par vous-même quelques constatations

COMMENT CHOISIR UN CANARI EN BONNE SANTE

- *Le local, la cage et les accessoires doivent être propres.*
- *Les cages ne doivent pas contenir trop d'animaux car la promiscuité n'a jamais d'effets positifs sur la santé.*
- *Les mangeoires doivent être remplies de nourriture fraîche et propre. Pour éviter que les déjections n'y tombent, ne les placez pas sous les perchoirs.*
- *Les augets doivent contenir en quantité de l'eau propre.*
- *Les cages doivent être à l'abri des courants d'air qui mettent en danger la santé des oiseaux.*
- *Les excréments doivent être de consistance semi-liquide, autrement, ils témoignent de troubles gastriques.*

Des cages rationnelles de Canaris parmi lesquels on peut choisir les siens

servant à arrêter votre choix sur un oiseau qui, en dehors de toutes considérations sur la race et la couleur préférée, doit être surtout en bonne santé. Il importe d'effectuer ces observations dans un magasin spécialisé ou dans un élevage ; l'état de santé des oiseaux est lié en grande partie à la propreté et l'hygiène de l'endroit qu'ils habitent.
Notez ces détails tout en parlant tranquillement avec le vendeur, mais gardez-vous de lui en faire part, il risque de prendre très mal le fait que vous lui fassiez des remarques sur la propreté de son magasin.
Entre-temps, vous aurez eu loisir d'observer le comportement adopté par les Canaris en présence d'inconnus : un sujet sain reste attentif et sur ses gardes mais sans trop s'effrayer. Il sautera d'un perchoir à l'autre, mangera, boira, chantonnera et vous observera avec curiosité. Bref, il se comportera normalement. S'il reste blotti dans un coin de sa cage, cela prou-

Le plumage lisse et luisant de ce Canari jaune est signe de bonne santé

COMMENT RECONNAITRE UN CANARI EN BONNE SANTE

- *L'animal est calme, ni agité, ni apathique ou somnolent.*
- *Le plumage est lisse, bien fourni, et ne présente pas de plaques déplumées.*
- *Ses yeux ronds, bien ouverts, ne larmoient pas ; son regard est vif et joyeux.*
- *Ses narines sont propres, aucun mucus ne s'en écoule.*
- *Ses excréments, de consistance semi-liquide, sont recouverts d'une légère membrane transparente.*
- *Le duvet autour du cloaque est bien propre.*
- *Il a bon appétit et boit normalement.*
- *Ses pattes, intactes, ne présentent ni croûtes, ni écailles desséchées.*
- *Le poitrail est rond et bien charnu.*
- *Le ventre, légèrement arrondi et de couleur claire, ne présente pas de taches violacées (symptôme de troubles hépatiques).*
- *Le bec, de longueur normale, en parfait état, ne présente aucune malformation.*
- *Il respire calmement et sans bruit.*

ve sans aucun doute qu'il y a un problème.
Une fois ces constatations faites, tirez-en vos conclusions et choisissez le Canari qui vous paraît être en meilleure santé, le plus joli, et le plus sympathique. Il vous reste à présent à déterminer son âge.

L'âge de votre Canari

Achetez de préférence un sujet jeune : il n'éprouvera aucune difficulté à s'habituer à votre présence et s'apprivoisera très facilement. Plus le Canari est jeune, plus ses caractères infantiles sont apparents : développement morphologique incomplet et taille inférieure donc à la normale adulte, mouvements gauches et incertains, absence de chant mais ébauche de gazouillements, pattes démunies d'écailles, plumage incomplet et coloration non définitive.

LA BAGUE DE LA FEDERATION FRANÇAISE D'ORNITHOLOGIE

Pour être autorisés à participer aux différents concours, les Canaris provenant d'un élevage affilié à la Fédération nationale d'ornithologie sont tenus de porter une bague métallique d'identité sur laquelle sont gravés : le sigle de la FFO, l'année de naissance du Canari et un numéro. Ainsi, vous pourrez facilement déterminer l'âge de votre Canari.

Quand devez-vous acheter votre Canari ?

La période de reproduction commence de février à mars et prend fin en juin-juillet, au moment de la mue. Ainsi, les oisillons perdent leur premier duvet au moment même de la mue des adultes, c'est-à-dire en été ; cette mue constitue un moment délicat dans la vie d'un Canari. C'est pourquoi, il est préférable qu'il le vive au sein de l'élevage où il a vu le jour. Achetez donc les Canaris de préférence en automne et en hiver, une fois leur mue terminée, lorsqu'ils se présentent sous leur meilleur jour. De plus, il est peu probable qu'avant cette période, un éleveur vous fasse visiter son élevage, par crainte de déranger les femelles en période de reproduction.

Plutôt un mâle ou une femelle ?

Très souvent, quand les gens optent pour la compagnie d'un Canari, ils le préfèrent chanteur. Le chant des Canaris femelles étant bien timide, leur choix se porte évidemment sur un mâle qui, selon la race, peut s'avérer un chanteur

> ***LES CANARIS CHANTEURS***
>
> *Il existe trois races de chanteurs à proprement parler parmi les races de Canaris connues et élevées actuellement :*
>
> - *Le **Malinois Waterslager**, au chant large et bien scandé.*
> - *Le **Harzer Roller**, dont le chant discret, profond, comporte de nombreuses roulades.*
> - *Le **Timbrado**, dont le chant est à mi-chemin entre celui du Malinois et du Harzer (le Timbrado n'est pas élevé en France).*

au chant tonitruant et parfois même désagréable, ou au contraire délicat et harmonieux.

Que vous choisissiez un mâle ou une femelle, peu importe : tous deux sont fort sympathiques et s'attachent de la même manière à leur maître. La femelle fait peut-être preuve d'un peu plus de calme que le mâle. Cela vaut surtout durant la période de reproduction où le mâle devient plus turbulent et agressif sans que ce comportement toutefois ne pose de réels problèmes.

Rouge orange panaché : ci-dessous le mâle, à droite la femelle. On peut voir que le dimorphisme sexuel est prononcé, notamment avec l'emplacement différent des plumes rouges sur fond blanc

LE DIMORPHISME SEXUEL

Le mâle possède une tête plus aplatie, un poitrail moins large, des yeux légèrement plus grands, un corps plus fuselé et un manteau de couleurs plus vives et éclatantes. Seul un connaisseur est capable de noter ces différences. En revanche, même un néophyte peut reconnaître le chant d'un Canari mâle et son sexe, caractérisé par une protubérance visible sur le cloaque, surtout en période de reproduction.

Vivre en célibataire ou en couple ?

Le Canari souffre-t-il de la solitude ? N'est-il pas préférable de posséder un couple ? Les marchands ont souvent à répondre à ces questions. Il est clair que si vous laissez votre compagnon tout seul dans son coin sans le faire profiter de votre présence, même bruyante, alors oui, votre Canari souffrira de solitude. Mais si vous le faites participer à votre vie de famille, lui

parlez et lui faites écouter de la musique, il pourra couler une vie paisible de célibataire. Et puis, pour peu que vous ayez choisi un mâle pour son chant, ne lui donnez pas de compagne, il risque en sa présence de chanter beaucoup moins car le seul fait de la voir le comble déjà ! Le Canari mâle chante en effet pour attirer l'attention d'une belle et la séduire ; si on lui en amène une sur un plateau, il ne va pas se fatiguer à chanter à tue-tête pour en conquérir une autre !

Si vous voulez que vos Canaris se reproduisent, arrangez-vous évi-

JAMAIS DEUX MALES DANS LA MEME CAGE

Veillez bien à ne jamais placer deux mâles dans la même cage ; ils ne cesseraient de se quereller, surtout en période de reproduction, et finiraient par se blesser ou s'empêcher mutuellement de s'alimenter suffisamment.

Canari métis identifiable par son plumage brun taché de clair, en particulier sur la queue

demment pour qu'ils fassent connaissance ou lient amitié avant l'arrivée du printemps.

Quelle race choisir ?

Dernier facteur, mais non le moindre, à prendre en compte lors de l'achat d'un Canari : la race à choisir. Il existe de nombreuses races de Canaris :

LES PRINCIPALES RACES DE CANARIS

- *Les* ***Canaris de couleur :*** *se caractérisent par la couleur de leur plumage.*
- *Les* ***Canaris de forme et de posture au plumage lisse :*** *sélectionnés pour la forme et le maintien de leur corps.*
- *Les* ***Canaris frisés de forme et de posture :*** *comme leur appellation l'indique, leur plumage n'est pas lisse mais frisé.*
- *Les* ***Canaris chanteurs :*** *sélectionnés pour leur chant harmonieux.*

Chaque race possède ses caractéristiques, ses qualités et défauts propres, nous les traiterons au cours des chapitres suivants. Si vous êtes novice, vous avez tout intérêt à choisir de préférence un métis. De constitution robuste, il s'élève plus facilement. L'expérience que vous acquerrez en le soignant vous permettra par la suite de passer à des races plus délicates. Si vous tenez à acheter un Canari de race, sachez que les Canaris de couleur, de sympathiques petits oiseaux appelés encore *Saxons*, ainsi que les *Glosters*, à la charmante « huppe » si caractéristique et les *Canaris chanteurs*, sont robustes et s'élèvent facilement, même par des néophytes.

La cage et les accessoires

Même si, depuis des siècles et des siècles, les Canaris vivent en captivité, et ignorent tout de la vie en liberté, ils ont besoin d'espace pour se mouvoir un peu librement.

UNE CAGE N'EST JAMAIS TROP GRANDE

Cette affirmation m'amène à aborder les différentes possibilités d'abris, dont la forme et la dimension varient en fonction de l'utilisation prévue. Je m'explique : la dimension de la cage sera fonction du nombre de Canaris, elle sera fixe si vous avez l'intention de ne jamais la bouger d'endroit ou disposera d'un socle amovible si vous désirez l'emmener sur le balcon, en vacances ou ailleurs.

La cage

Le commerce propose toutes sortes de cages pour Canaris, de formes et de dimensions variées. La forme à privilégier à toute autre est rectangulaire, elle permet une meilleure utilisation de l'espace. Ne perdez pas de vue que les Canaris, à l'instar des autres oiseaux, préfèrent voler à l'horizontale. Dans une cage à développement vertical, ils ne pourraient exploiter à fond leurs caractéristiques physiques et se verraient obligés de passer le plus clair de leur temps dans la partie supérieure de la cage. Une cage ronde n'est pas non plus idéale : elle rend tout vol impossible, aussi modeste soit-il. Sans compter qu'elle risque d'engendrer chez le

Canari des problèmes d'orientation, vu qu'il ne peut que... tourner en rond !

LES DIMENSIONS MINIMALES DE LA CAGE

Voici les dimensions minimales d'une cage destinée à n'abriter qu'un Canari : 40 x 20 x 30 (H). Une cage abritant un couple destiné à la reproduction mesurera au minimum : 60 x 40 x 50 (H).

Les cages en fil de fer zingué et en plastique sont les plus fonctionnelles et les plus pratiques. L'écartement entre les barreaux de fil de fer zingué doit varier entre 10 et 12,5 mm, ceci afin d'éviter que votre Canari ne prenne la fuite. Deux côtés au moins de la cage devront être munis de barreaux horizontaux auxquels votre Canari pourra s'agripper confortablement. Au moment de l'achat, assurez-vous de la solidité de la cage en général, et des barreaux en particulier. Cette précaution vous évitera de vous retrouver bientôt avec une cage déformée aux barreaux tordus.
Le bac inférieur recevant le sable absorbant la fiente sera en matière plastique. Afin de faciliter le nettoyage de la cage, la solution la plus pratique consisterait à munir à son tour ce bac d'un petit récipient facilement amovible. Afin d'isoler votre Canari des excréments, souvent vecteurs de maladie, il serait bon de recouvrir ce bac amovible d'une grille. Le bac est en matière plastique facile à laver et à désinfecter, et incassable. En changer ne représente de toute façon pas une grosse dépense.

LES BARREAUX PEUVENT ETRE SOURCE DE PROBLEMES

Veillez à ce que votre Canari ne puisse passer la tête entre les barreaux : il risque sinon de la garder coincée dans cette position plutôt inconfortable et dangereuse ; contrôlez toujours bien l'écartement des barreaux.

LES PORTES DE LA CAGE

La cage doit comporter deux portes d'accès, une pour introduire la main, et l'autre pour accrocher la baignoire et le nid, plus deux à quatre portes de service pour y suspendre les mangeoires. Veillez à ce que toutes ces portes soient munies de petits ressorts à boudin de fermeture automatique, sinon, attendez-vous à des fugues !

Peut-être verrez-vous dans le commerce des cages « anglaises », dont un seul côté est pourvu de barreaux. Elles sont destinées à

Cage nichoir parfaitement équipée, possédant même une baignoire pour la plus grande joie des reproducteurs

abriter des volatiles particulièrement agités ou s'effrayant facilement ou encore des Canaris malades ayant besoin de chaleur et de repos.

La cage de couvaison, de dimensions plus importantes, doit posséder une séparation : en cas de scène de ménage, votre couple de Canaris pourra faire « chambre à part ». Elle vous permettra également de séparer les oisillons des parents qui s'apprêtent à construire un autre nid.

BIEN CHOISIR L'EMPLACEMENT DE LA CAGE

De l'emplacement de la cage dépend la santé de votre Canari.

- *Ne l'installez jamais dans la cuisine ou la salle de bains, les vapeurs chaudes nuiront à la santé de votre ami.*
- *Jamais non plus devant une fenêtre. Vous risquez en l'ouvrant de provoquer des courants d'air de nature à causer chez vos Canaris des maladies respiratoires.*
- *Pas non plus dans une chambre à coucher. Vous risquez d'être réveillé à l'aube !*
- *La cage doit être d'un accès facile. En outre, placez-la de façon à nettoyer facilement la saleté tombée à l'extérieur.*
- *Placez-la dans la salle de séjour, près d'une fenêtre qui demeure fermée. Ainsi, votre Canari profitera de la lumière et de votre compagnie.*

Les accessoires

Il va de soi que la cage doit contenir tous les accessoires destinés à faciliter la vie de votre ami et vos opérations d'entretien.

Les *perchoirs*, accessoires arrivant en première ligne, peuvent être en plastique ou en bois. Si vous optez pour ceux en plastique, contrôlez de temps à autre qu'ils ne soient pas infestés par des acariens (cf. chapitres sur l'élevage à la page 48, et sur les maladies, à la page 80) ; les perchoirs en plastique possèdent l'avantage d'être d'un entretien facile. De forme généralement ronde, choisissez-les dans les dimensions conseillées dans le dessin suivant.

DEUX PERCHOIRS

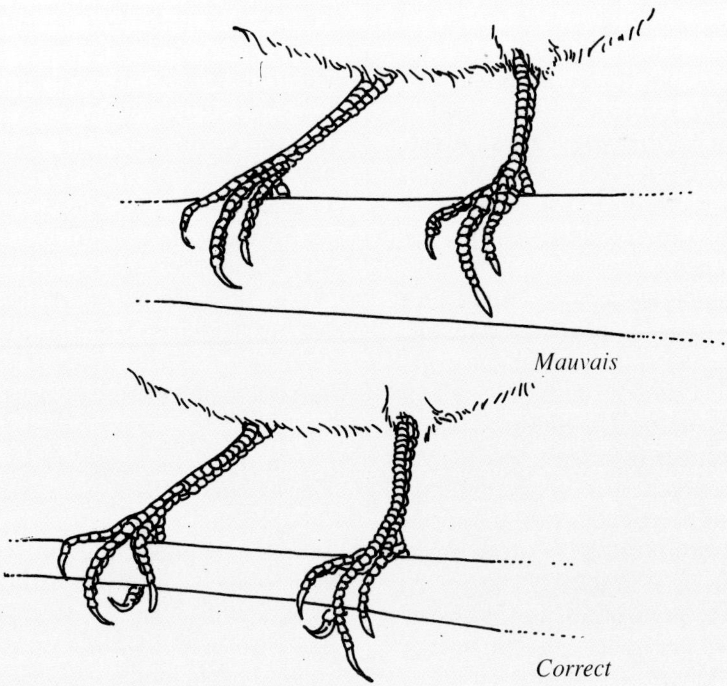

Les perchoirs doivent avoir de bonnes dimensions de façon à ce que les pattes puissent supporter le Canari

DISPOSITION DES PERCHOIRS

Disposez-les de façon à permettre à votre Canari d'effectuer de grands sauts voire de modestes vols de l'un à l'autre. Veillez donc à en limiter le nombre. En outre, installez-les de sorte à éviter que les excréments ne tombent sur le perchoir inférieur ou dans la mangeoire ou l'auget.

Les *mangeoires*, généralement en plastique, ont toutes la même forme. Elles s'accrochent aux portes de service prévues à cet effet. Achetez-les de préférence en double pour pouvoir les remplacer lorsque vous les laverez et les désinfecterez.
Les *augets* en plastique munis d'un syphon sont les plus fonctionnels. Un par cage suffit amplement puisque vous devez renouveler l'eau tous les jours. Là encore, inutile d'en acheter plus que nécessaire.
Le commerce offre un vaste choix de mangeoires d'intérieur destinées à contenir le biscuit ou la pâtée, vous y trouverez votre bonheur. Le marchand pourra vous proposer une pince servant à tenir l'os de seiche.
Pour la *baignoire*, vous avez le choix entre deux solutions : un récipient à accrocher à l'extérieur ou à placer à l'intérieur, avec le risque, dans ce dernier cas, que l'eau ne se répande trop abondamment sur le bac à sable.
Si vous destinez vos Canaris à la reproduction, le choix du *nid* revêt de l'importance. De même que les baignoires, il existe des nids intérieurs et extérieurs. Ils sont constitués d'un support le plus souvent en fil de fer zingué (comme les barreaux) et d'un nid en osier à adapter au support. Pour une petite cage, mieux vaut choisir un nid extérieur, mais un nid intérieur fera également parfaitement l'affaire.
Puis viennent les *jouets*, qui tiennent un rôle de dernier plan. Il peut s'agir de balançoires, de petits miroirs, de petits oiseaux en plastique, de chaînettes, etc. Mais tous ces objets, dont votre Canari peut se passer sans problèmes, risquent en revanche de réduire son espace vital. Comme la balançoire constitue le seul jeu vraiment apprécié par les Canaris, vous pouvez en installer une à la place d'un des perchoirs du haut de la cage.

La volière

Si vous disposez d'espace ou si vous désirez élever une petite communauté de Canaris, optez pour une *volière d'intérieur* ou d'*extérieur*, c'est la meilleure solution.
Pour choisir votre volière d'intérieur, suivez les conseils que je vous ai donnés pour la cage, sauf, évidemment, en ce qui concerne

OUI ET NON AUX ACCESSOIRES

En résumé, voici les accessoires indispensables et ceux superflus :

- *Oui aux perchoirs en bois et en plastique.*
- *Oui aux mangeoires en plastique.*
- *Oui aux augets à syphon en plastique.*
- *Oui à la baignoire intérieure ou extérieure, le matériau n'a pas d'importance.*
- *Oui au support de nid intérieur ou extérieur en fil de fer zingué.*
- *Oui au nid en osier tressé.*
- *Oui, réservé toutefois, à la balançoire.*
- *Non à tous les jeux ; ils empiètent sur l'espace vital de votre Canari.*

Mangeoire et godet en plastique

les dimensions. Vous trouverez dans le commerce des solutions de toutes sortes qui s'adapteront parfaitement à l'ameublement et à la grandeur de votre intérieur.

Dans une volière d'intérieur, les Canaris peuvent passer l'hiver, à condition qu'ils en aient eu l'habitude auparavant. Cette volière devra en outre posséder un toit qui protège vos Canaris de la pluie ou des rayons directs du soleil et un abri clos où ils pourront s'abriter la nuit ou s'il fait trop froid. Vous la munirez ensuite de branchages, de plantes, de perchoirs, de récipients pour l'eau et la nourriture ainsi que de nids et de leurs supports.

Posée sur chevalet, cette volière peut accueillir jusqu'à 10 ou 12 Canaris

L'élevage

Ce terme désigne toutes les opérations destinées à ce que l'animal se sente bien en votre compagnie. Elever un Canari ne présente aucune difficulté, c'est un animal peu exigeant, il suffit d'observer certains principes.

L'hygiène

Les Canaris passent le plus clair de leur temps à se laver et à se lisser le plumage, en particulier les plumes des ailes qui revêtent un rôle crucial dans le vol. En outre, ils adorent se baigner. Rien de plus amusant que de les regarder s'asperger avec l'eau de l'auget, s'ils n'ont pas de baignoire à leur disposition. Pour éviter qu'ils ne se comportent ainsi, placez une baignoire à l'intérieur de la cage, tous les jours en été, et quelques fois par semaine durant la saison

LE BAIN

Installez sa baignoire au moment le plus chaud de la journée, même en hiver. Veillez toutefois à ce que l'eau soit à température ambiante et que la cage soit abritée des courants d'air ; votre compagnon risque sinon d'attraper froid. La baignoire sera assez spacieuse pour permettre à plusieurs oiseaux d'y entrer. Une pierre placée préalablement au fond de la baignoire aidera votre Canari à sortir aisément de la baignoire, même si ses plumes sont trempées. En l'absence de cette précaution, il risque de se noyer.

froide. Peu importe la baignoire que vous aurez choisie, l'important est de la laisser à sa disposition une heure au plus, sinon, l'eau se salit et votre Canari, en ne manquant pas de la boire, courra le risque de tomber malade.

L'hygiène du bec et des griffes

Par hygiène, on entend aussi le fait que vous lui coupiez le bec et les griffes. Il est courant de voir les Canaris se frotter le bec sur leur perchoir pour le débarrasser de ses impuretés et en aiguiser les bords qu'ils utilisent pour décortiquer les graines. L'os de seiche a la même utilité (il représente en outre une source de calcium et de sels minéraux). Cependant, il arrive que le bec, sa partie supérieure notamment, devienne trop long. A vous d'intervenir. Sinon, votre Canari éprouvera de sérieuses difficultés à s'alimenter.

Afin de couper la partie du bec superflue (plus douce et plus claire que le reste du bec), servez-vous

Baignoire extérieure à suspendre à la porte de la cage

de petits ciseaux bien affûtés. Attention à ne pas couper la chair, vous provoquerez sinon un saignement important. Si vous ne vous sentez pas capable de procéder à cette opération, adressez-vous à votre vétérinaire habituel.

Les griffes également peuvent avoir besoin d'être coupées car les Canaris de cage n'ont pas grande possibilité de les user. Toujours à l'aide de petits ciseaux bien aiguisés, taillez la partie de la griffe qui dépasse. Pour ce, observez-la à contre-jour : ainsi vous verrez précisément l'endroit où le vaisseau sanguin s'arrête et vous ne risquerez pas de l'entailler.

TAILLE DES ONGLES

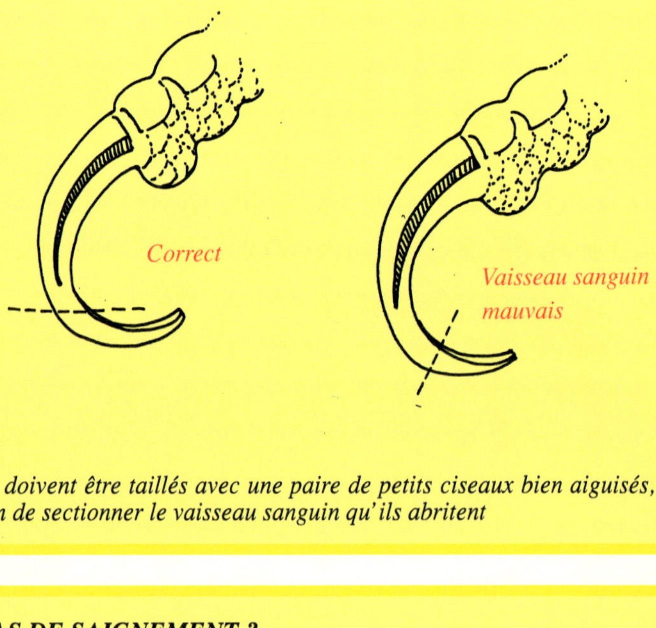

Les ongles doivent être taillés avec une paire de petits ciseaux bien aiguisés, en évitant bien de sectionner le vaisseau sanguin qu'ils abritent

ET EN CAS DE SAIGNEMENT ?

Si vous avez touché un vaisseau sanguin en coupant une griffe, il s'ensuit un saignement que vous devez stopper. Pour cela, utilisez un stick hémostatique, comme ceux que les hommes emploient en cas de coupure de rasoir. Quand le sang a cessé de couler, appliquez un peu de streptomycine en poudre.

L'hygiène de la cage et des accessoires

La cage et les accessoires doivent être d'une propreté méticuleuse. C'est la seule façon d'éviter que la saleté ne se loge par exemple dans les angles du bac où proliféreraient sinon parasites et virus.
Lavez et désinfectez une fois par semaine les mangeoires à graines au moyen d'un désinfectant doux, telle l'eau de Javel.
En revanche, changez et lavez au moins tous les deux jours les mangeoires contenant des aliments périssables : fruits, légumes et pâtée. Les augets doivent être lavés et désinfectés au moyen d'un désinfectant doux tous les jours, notamment durant l'été, ceci afin d'éviter des fermentations nocives.
Le sable recouvrant le fond de la cage doit être renouvelé une fois

RINCEZ SOIGNEUSEMENT LES ACCESSOIRES

Faites-le systématiquement, surtout pour les mangeoires et les augets. Si vous négligez cette précaution, votre Canari risque d'ingérer des substances toxiques.

Le sable qui recouvre le fond de la cage est renouvelé chaque semaine

Un beau Canari au plumage et aux pattes propres est le plus souvent un sujet sain qui donnera satisfaction

par semaine, procédez au lavage au moyen d'un désinfectant. Si les Canaris sont nombreux, nettoyez également les perchoirs une fois par semaine, en grattant la fiente avec un petit couteau, puis lavez-les dans de l'eau bouillante additionnée d'un désinfectant. Sinon, ne le faites que tous les quinze jours. Une fois par mois, vous devez procéder au lavage complet de la cage, à l'eau bouillante additionnée d'un désinfectant. Nettoyez très soigneusement les interstices pour les débarrasser des parasites et des virus.

Nourriture et eau

Elever un Canari, c'est également lui donner à boire et à manger. Nous avons vu qu'il faut renouveler l'eau tous les jours en été et tous les deux jours en hiver. Il en va de même pour les aliments périssables. Vous donnerez les fruits, les légumes et la pâtée à l'œuf le matin ; votre Canari disposera de toute la journée pour les manger. Et le soir, enlevez les restes, afin d'éviter que des moisissures ne se forment et ne causent la mort de votre Canari s'il venait à les absorber. En revanche, le mélange de graines peut sans danger rester quelques jours dans la cage, jusqu'à ce que le Canari ait fini de le manger.

Liberté conditionnelle

Si vous désirez que votre Canari se maintienne en bonne santé, alors permettez-lui de voler un peu à l'intérieur de votre maison. Cela suppose qu'il soit assez apprivoisé pour réintégrer sa cage sans faire de difficulté. En outre, méfiez-vous de certains objets qui risquent de se transformer en grave danger pour votre ami.

Pour l'inciter à rentrer dans sa cage, fixez, en guise d'appât, un perchoir à la porte laissée ouverte.

L'élevage comprend également la reproduction. Reportez-vous au chapitre qui traite ultérieurement ce sujet. Voyons plutôt à présent comment s'organiser, point par point, pour s'occuper de son Canari sans rien oublier :

LES DANGERS DOMESTIQUES

- *Vitres et miroirs, contre lesquels il risque de se cogner.*
- *Les casseroles, les vases, les W.-C, baignoires et lavabos remplis d'eau, où il risque de se noyer.*
- *Les cuisinières, les cheminées et les bougies auxquelles il risque de se brûler.*
- *Les portes et les fenêtres ouvertes par lesquelles il peut s'échapper.*
- *Les rideaux et les tissus en général dans lesquels il peut rester pris.*
- *Les armoires et les commodes derrière lesquelles il peut tomber.*
- *Risque de chutes et de fractures graves.*
- *Les plantes vénéneuses ou toxiques dont l'ingestion, même minime, peut provoquer sa mort par empoisonnement.*

LES PLANTES VENENEUSES

Quelques plantes d'appartement constituent un véritable poison pour les Canaris : la jacinthe, le narcisse, le laurier-rose, la poinsettie éclatante et le philodendron.

TOUS LES JOURS

- *Renouveler l'eau et laver les augets.*
- *Le matin, donner des légumes, des fruits et un peu de pâtée, le soir, enlever les restes puis laver les récipients.*
- *En été, mettre la baignoire à disposition de votre Canari une heure tout au plus.*

TOUS LES DEUX OU TROIS JOURS

- *Donner un mélange de graines après avoir lavé les récipients.*
- *En hiver, laisser la baignoire dans la cage une heure au plus.*

UNE FOIS PAR SEMAINE

- *Nettoyer et laver le bac à sable, puis renouveler le sable.*
- *Gratter et nettoyer les perchoirs.*

UNE FOIS PAR MOIS

- *Nettoyer et laver à fond la cage.*

L'alimentation

Les Canaris sont des granivores : ils se nourrissent essentiellement de graines. En liberté également, les graines de plantes sauvages constituent leur alimentation de base. Ne manger que des graines pour un Canari, c'est comme si nous étions réduits à ne manger que du pain et de l'eau toute notre vie. En plus d'être monotone, ce mode d'alimentation aurait des répercussions néfastes sur notre santé.
L'alimentation doit également comporter des légumes, des fruits et d'autres aliments fournissant un apport suffisant en vitamines, hydrates de carbone, protéines, sels minéraux, etc. Voyons maintenant d'un peu plus près la composition exacte du régime alimentaire d'un Canari.

L'alimentation de base

Ce terme désigne les aliments dont le Canari ne doit jamais manquer, et qu'il peut manger à volonté. Elle se compose d'un mélange de graines sélectionnées spécialement à son intention. Dans le commerce, vous trouverez des mélanges prêts à l'emploi.
Si vous achetez une boîte de graines mélangées, veillez à en contrôler le contenu : il doit être frais, non périmé, il ne doit présenter ni poudre, ni moisissures, ni parasites. Elle doit également avoir été entreposée dans de bonnes conditions : la boîte en parfait état ne doit présenter aucune trace d'humidité. Ces précautions s'imposent

car des graines moisies peuvent en effet mettre en danger la santé de votre Canari.

LES GRAINES POUR CANARIS

• ***Alpiste :*** *sa teneur en protéines et en lipides en fait un aliment excellent pour les oiseaux.*
• ***Avoine émondée :*** *riche en sels minéraux utiles à la croissance.*
• ***Chènevis :*** *graine à teneur en protéines élevée.*
• ***Niger :*** *particulièrement énergétique, favorise la ponte.*
• ***Navette :*** *améliore le chant.*
• ***Lin :*** *graine oléagineuse facilitant la digestion et ravivant le plumage.*

LE MELANGE DE GRAINES

Voici la recette d'un mélange de graines maison à préparer pour votre ami :

• Alpiste	*65 %*
• Niger	*10 %*
• Navette	*10 %*
• Chènevis	*5 %*
• Lin	*5 %*
• Avoine émondée	*5 %*

Le mélange « graines de santé »

Les Canaris vivant à l'état sauvage se nourrissent également de graines de plantes des prés qu'on retrouve dans le commerce sous la dénomination « graines de santé ». Il se compose de graines de cardon, de chicorée, de laitue, de pavot, etc. Donné une à deux fois par semaine, il sert à purifier le sang, le foie et l'appareil digestif : bref, un organisme soumis à un quelconque stress ne pourra en tirer que le plus grand bien.

Votre Canari raffole des épis entiers de panic, il les apprécie sans doute parce qu'on les lui donne tels quels. Fixez-les à la cage ; l'inconvénient, c'est qu'ils causent beaucoup de saleté en tombant à l'extérieur.

Alimentation complémentaire : fruits et légumes

Pour se maintenir en bonne santé, votre Canari doit manger de la verdure et des fruits. Ceux qu'il apprécie ne manquent pas, ils doivent avoir été au préalable lavés, essuyés, et ne doivent pas sortir du réfrigérateur sous peine de causer des troubles intestinaux. Donnez-lui des fruits bien mûrs, jamais pourris, ils deviendraient sinon très nocifs. Otez aussitôt les restes.

Si vous avez l'occasion d'aller à la campagne, pensez à cueillir *mouron*, *dent-de-lion*, *plantain* et de la *bourse-à-pasteur*, autant de légumes sauvages dont les Canaris

LES FRUITS ET LES LEGUMES

Voici quelques fruits et légumes qu'il apprécie :

- *Pomme*
- *Poire*
- *Salades diverses*
- *Brocolis*
- *Raisin*
- *Abricot*
- *Epinards*
- *Courgettes*

« Quelles graines choisir ? » semble se demander ce Canari jaune

raffolent. Mais faites attention à ce qu'ils ne soient pas pollués par les gaz d'échappement des automobiles, des désherbants ou des traitements anticryptogamiques ou encore que chiens ou chats ne s'en soient pas servi pour soulager leur vessie ! Si vous avez des doutes, abstenez-vous de les donner à votre oiseau, vous risqueriez de l'empoisonner !

Alimentation complémentaire : la pâtée et les biscuits

Les protéines animales, nous l'avons déjà mentionné, sont également indispensables aux Canaris, tout particulièrement aux oisillons en phase de croissance. En liberté, ils les trouvent sous forme d'insectes. En captivité, vous pouvez leur donner de la pâtée à l'œuf, disponible également dans le commerce. De composition variée, les pâtées se divisent en pâtées de consistance ferme ou molle selon leur pourcentage de graisses.
En période de reproduction, on utilise généralement une pâtée molle, en y ajoutant de temps à autre un bout d'œuf dur. Vous la verserez tous les matins dans le récipient prévu à cet effet et n'oublierez pas le soir de jeter les restes. Le reste de l'année, diminuez les doses, et n'en donnez que tous les deux ou trois jours. De plus, les pâtées molles se révèlent trop grasses pour être indiquées en dehors de la période de reproduction. Il conviendra donc de la mélanger pour moitié à une pâtée sèche.

UN TRUC

Si vous ne voulez pas changer de pâtée dans le courant de l'année, préférez alors la pâtée sèche à laquelle vous ajouterez, en période de reproduction, de l'œuf dur et de la pomme, et uniquement de la pomme le reste de l'année.

Vous trouverez dans le commerce des biscuits à base de farine, d'œufs, de sucres et de vitamines, véritable régal pour vos Canaris. Donnez-les leur en toute tranquillité, vous ne pourrez que leur faire plaisir.

Alimentation complémentaire : les graines germées

Les graines germées sont riches en vitamines, notamment en vitamine E. Elles sont particulièrement indiquées en hiver, quand les légumes se font rares, et en période de reproduction, car la vitamine E augmente la fertilité. Pour éviter les

Canaris à la mangeoire

PREPARATION DES GRAINES GERMEES

Laissez ramollir vos graines de 24 à 36 heures en veillant à changer souvent l'eau afin d'éviter la formation de moisissures nocives. Placez alors vos graines dans une passoire, à l'abri de la lumière ; les germes sortiront au bout de 24 à 36 heures.

effets indésirables, votre Canari ne doit pas toutefois en consommer en excès.
Si vous faites partie de ces petits veinards qui peuvent aller se mettre au vert, pensez à ramener des graines de plantain, de dent-de-lion et d'autres herbes des prés très appréciées des oiseaux.

Compléments en vitamines et minéraux

Si votre Canari consomme fruits et légumes en quantité suffisante, son besoin en vitamines devrait largement être couvert. Mais il arrivera peut-être que votre petit compagnon souffre de troubles divers ; dans ce cas, un complément vitaminique peut se révéler utile. Vous trouverez dans le commerce des complexes vitaminés à dissoudre dans de l'eau. Suivez simplement les indications et pensez à changer plus fréquemment l'eau de l'auget. Quelques gouttes de citron ajoutées à l'eau de boisson ont aussi une action désinfectante.
Veillez à placer dans la cage un récipient rempli de gravier. Composé de cailloux siliceux, il fournit les sels minéraux dont votre oiseau a besoin, et l'aidera à digérer les aliments en les broyant dans l'estomac musculaire. L'os de seiche ne sert pas seulement à la propreté du bec, il constitue également une source de calcium importante.

Le comportement

Si vous voulez vivre en bonne entente avec un animal domestique, encore faut-il connaître son code de comportement pour comprendre tous les messages qu'il émet. La vie d'un Canari domestique et celle d'un Canari sauvage se déroulant différemment, un Canari domestique n'a ni à se procurer sa nourriture, ni à se méfier des prédateurs ; souvent, il n'a pas non plus à faire l'effort de se trouver un partenaire. Sa journée se déroule autrement et mieux sans doute que celle d'un Canari sauvage.

Les comportements intraspécifiques

Les Canaris sont des oiseaux sociables qui passent une bonne partie de leur vie sauvage en groupe. C'est la raison pour laquelle, même en captivité, ils acceptent sans difficulté la présence d'autres Canaris. A une exception près : la cohabitation de deux mâles en période de reproduction. Dans ce cas, il arrive qu'ils se disputent violemment leur territoire ou une éventuelle femelle.

Deux mâles ne se toléreront que

UNE COMMUNAUTE DE CANARIS

Si vous avez l'intention d'élever plusieurs Canaris, hébergez-les de préférence dans une volière spacieuse où ils auront la possibilité de s'isoler en cas de dispute.

Joli groupe de Canaris qui sont sains et équilibrés grâce à une alimentation appropriée

s'ils sont frères et ont été élevés ensemble, autrement, il vaut mieux les séparer. Deux femelles peuvent en revanche cohabiter sans problèmes. La meilleure solution consiste à placer un mâle et une femelle dans la même cage. Vous les rendrez heureux, et le mâle extériorisera sa joie en chantant à gorge déployée.

Les comportements extraspécifiques

Cette expression s'applique aux comportements qu'un animal adopte envers les animaux étrangers à sa race. Avec des oiseaux d'une taille identique ou à peine inférieure à la sienne, aucun problème ne se posera. Les Canaris sont des oiseaux calmes et « cordiaux ». En revanche, il peut en aller tout autrement si ses compagnons de cage sont plus gros que lui. Il risque en effet de prendre ces oiseaux pour des prédateurs et d'avoir peur. Dans ce cas, le Canari adoptera un comportement défensif : il ouvrira le bec et déploiera les ailes. Il est donc préférable d'installer les oiseaux dans des cages différentes.

Lorsque le Canari a trop chaud, il laisse pendre ses ailes pour s'aérer

CHATS ET CANARIS

Pour peu que vos autres compagnons possèdent quatre pattes, des poils et des moustaches, il n'existe aucune chance qu'il puisse s'entendre avec eux. Vous souvenez-vous du dessin animé de Sylvestre et de Titi ?

Le langage du corps

Bien que les Canaris soient des chanteurs au chant expressif et élaboré, ils expriment également leurs états d'âme à l'aide de leur corps.
Afin de comprendre au mieux votre ami à plumes, il importe donc de savoir les détecter et les décoder. N'ayez crainte, ce n'est pas bien compliqué. Au bout de quelques heures d'observation attentive, vous réussirez certainement à comprendre bon nombre de ses attitudes.
Si quelques-unes restent toutefois obscures, la liste présentée ci-dessous pourra peut-être vous tirer d'affaire.

LE LANGAGE DU CORPS

COMPORTEMENT	*SIGNIFICATION*
Tient les ailes écartées	*attitude agressive, étirement ou baisse de la température*
Se tient sur une seule patte	*bien-être*
Plumage en boule	*état de santé préoccupant*
Bec ouvert	*attitude menaçante, maladie respiratoire ou baisse de la température*
Tête enfouie sous l'aile	*troubles du sommeil ou de la santé*
Tête inclinée	*désire que son partenaire le gratte ou cherche à mieux voir*
Toilette mutuelle et frottement du bec	*grande entente*
Extension simultanée d'une aile et d'une patte	*étirement ou bien-être*
Les plumes se resserrent et le corps se ratatine	*grande frayeur*

Quand un Canari a peur, il resserre son plumage autour de son corps et se grandit, paraissant ainsi plus maigre

On domestique plus facilement les individus jeunes, comme celui de la photo

Signification du chant

Le Canari, oiseau chanteur, se sert de son chant pour communiquer avec son entourage.

VOTRE CANARI CHANTE : QUE DIT-IL ?

Son chant a différentes significations, en voici quelques-unes.
• Il informe les autres Canaris de sa présence.
• Il signale qu'un territoire lui appartient.
• Il a conquis une femelle.
• Il tient compagnie à sa compagne durant la construction du nid et la couvaison.

LE CHANT DU MALE ACCELERE LA CONSTRUCTION DU NID

Il semblerait en effet que si le mâle chante, la femelle mette moins de temps à construire le nid et ponde plus d'œufs. Le même phénomène se produira si elle écoute un enregistrement du chant du mâle.

Domestication et dressage

La compagnie d'un animal domestique est nettement plus agréable que celle d'un animal sauvage qui s'effraie dès que vous approchez de sa cage. Vous n'aurez pratiquement pas besoin d'apprivoiser votre Canari ou de le mettre en confiance pour qu'il s'habitue à sa cage. Sa domestication est le fruit d'un long passé d'élevage en captivité ; les Canaris actuels ont tellement l'habitude d'être en cage qu'ils ne pourraient survivre s'ils étaient lâchés dans la nature.

La domestication

Vous pouvez l'apprivoiser à tel point qu'il s'enhardira à venir manger directement dans votre main ou qu'il sortira de sa cage et y retournera dès qu'il se sentira fatigué. Armez-vous de beaucoup de patience et de temps. Au début, vous lui offrirez des friandises à travers les barreaux. Dans un second temps, vous introduirez votre main à l'intérieur de la cage en tenant votre cadeau entre les doigts : des pignons, il les adore, ou un morceau de pomme ou de biscuit.

PLUS IL EST JEUNE, PLUS LA TACHE SERA AISEE

Pour vous faciliter la tâche, choisissez un Canari très jeune, de préférence encore au nid : comme il recevra la nourriture de vos mains, il s'habituera à vous.

Un sujet jeune, comme celui représenté sur la photo, est facilement apprivoisable

C'est seulement lorsque votre petit ami aura pris l'habitude de venir dans votre main pour y chercher sa nourriture que vous pourrez tenter de le faire sortir de sa cage en lui permettant de voler librement dans une pièce, à fenêtres closes évidemment. Pour éviter les incidents, restez avec lui.

Le dressage

La faculté de chanter est innée chez un Canari, elle fait partie de son patrimoine génétique. En outre, il peut apprendre à exploiter du mieux possible ses dons vocaux en écoutant un Canari adulte, un « maître... chanteur », qui ensei-

Une batterie « école » servant à héberger les jeunes chanteurs durant la période d'apprentissage du chant

Canari malinois dans sa cage « de chant » alors qu'il entonne sa chanson

gnera tout son répertoire à ses petits élèves.
Les passionnés de chant se consacrant à l'élevage des deux principales races de Canaris chanteurs, le Malinois et le Harzer, ont mis justement à profit cette caractéristique. Le répertoire de ces deux oiseaux comprend de nombreuses mélodies variées qui rappellent les bruits de la forêt : le bruissement des feuilles ou le murmure des ruisseaux. Au cours des compétitions, des experts écoutent et jugent ces mélodies afin de désigner les meilleurs chanteurs. Sitôt leur mue d'été terminée, les élèves commenceront leurs études, en passant quelques heures par jour dans des petites cages-école placées à proximité de leur maître de chant.

LES CANARIS CHANTEURS

Le Malinois et le Harzer sont les meilleurs chanteurs élevés sous nos latitudes. Le premier chante le bec ouvert, tandis que le second exécute ses mélodies bec fermé.

La reproduction

Si vous possédez un couple de Canaris, vous souhaiterez au moins une fois qu'ils aient des petits, pour observer cet événement naturel et si merveilleux que représente la naissance et la croissance de jeunes vies. La reproduction des Canaris en cage ne pose pas de grandes difficultés, il suffit d'observer quelques règles simples.
Dans ce livre, j'indique comment procéder si vous ne possédez pas plus de deux couples. Si vous désirez constituer un élevage, aussi modeste soit-il, en sélectionnant les races et les couleurs, adressez-vous à votre association ornithologique locale. Vous trouverez des éleveurs qui pourront vous conseiller et vous fournir des sujets sélectionnés.

Le couple

Première règle : votre couple de Canaris, un mâle et une femelle, doit être évidemment bien assorti. Reconnaître le sexe des Canaris ne présente vraiment pas de difficultés, surtout durant la saison des amours. Certains Canaris de couleur présentent des dimorphismes sexuels. Sinon, en soufflant sur le ventre du Canari pour le dégager des plumes, vous pourrez reconnaître la forme et l'aspect du cloaque. Mais observez plutôt le dessin de la page suivante. Si vous avez encore des doutes sur la question, ces explications vous aideront certainement, en cas contraire, adressez-vous à un oiselier.

LES DIFFERENCES ENTRE MALES ET FEMELLES

Le mâle, de taille légèrement supérieure, a le corps un peu plus en fuseau, la tête légèrement plus aplatie que la femelle. Seul un œil exercé détectera ces différences. Mais un trait caractéristique peut être décelé par les plus néophytes : l'un chante... l'autre pas. La femelle n'émet que de timides pépiements.

DIMORPHISME SEXUEL

On reconnaît : a) la femelle grâce à son ventre arrondi; b) le mâle dont le cloaque proéminent est évident

Si vous ne possédez qu'un seul Canari et désirez l'accoupler, procurez-lui un compagnon au cours de l'automne précédant la période de reproduction. Les Canaris ont alors terminé leur mue estivale, et arborent un plumage « flambant neuf ». Et puis, le couple aura ainsi tout l'hiver pour lier connaissance et bien s'accorder.
Une fois qu'ils sont ensemble, observez leur comportement. S'ils se querellent, séparez-les en divisant la cage au moyen d'une grille. Ainsi, ils continueront à se voir et à faire connaissance sans se faire

PHASES DE L'ACCOUPLEMENT

Avec sa queue, le mâle déplace celle de la femelle et la féconde en joignant son cloaque au sien

de mal. En l'absence de ce dispositif, logez-les dans deux cages distinctes mais rapprochées.

La cour et l'accouplement

Au cours du printemps et de l'été, le mâle et la femelle subissent des transformations d'humeur et de comportement liées à la sécrétion d'hormones sexuelles. La femelle devient beaucoup plus nerveuse et agitée sous l'effet surtout du chant pénétrant du mâle qui commence à lui faire une cour assidue.

Le mâle commence à courtiser la femelle en lui offrant de la nourriture ; l'accouplement ne survient bien souvent qu'en fin d'après-midi : la femelle se couche alors sur le perchoir, le mâle se juche sur son dos en déplaçant de sa queue celle de la femelle, afin de permettre le contact des cloaques. L'accouplement ne dure que quelques secondes et se répète à plusieurs reprises au cours de l'après-midi et des jours suivants.
La femelle se hâte de préparer à temps son nid en garnissant le nid en osier tressé des matériaux mis à

LA FEMELLE S'APPRETE A CONSTRUIRE LE NID

Si vous constatez que la femelle commence à faire les cent pas dans la cage en tenant dans le bec une plume ou un objet quelconque, c'est le signe évident qu'elle désire préparer son nid. On a l'impression qu'elle cherche l'endroit idéal.

LE DEBUT DE LA COUVAISON

On la fait traditionnellement débuter le 19 mars, jour de la saint Joseph. Pourquoi ? Les journées commencent à être suffisamment longues et chaudes pour être en droit d'espérer que l'opération sera couronnée de succès.

LE NECESSAIRE DE LA FUTURE MAMAN

Pour assurer le succès de la couvaison, veillez à munir la cage de certains accessoires disponibles dans le commerce.

- *La cage doit être assez spacieuse pour pouvoir héberger la famille entière.*
- *Deux supports de nids en fil de fer zingué.*
- *Deux ou trois nids en osier tressé.*
- *Deux ou trois faux œufs.*
- *Différents matériaux pour rembourrer le nid (fibres de jute ou brins de foin ; le coton n'est pas très indiqué, il se prend dans les ongles).*
- *Pâtée à l'œuf.*

sa disposition. Elle pond un œuf par jour, au petit matin, quatre à cinq par couvée. Comme les femelles commencent à pondre dès le premier jour, leurs petits auraient quelques jours de différence entre eux si vous ne preniez pas la précaution de remplacer au fur et à mesure les œufs par de faux œufs. Et le frère aîné déjà robuste risquerait d'écraser le petit dernier. Vous rendrez les œufs à la mère une fois sa ponte terminée. A partir de là, attendez patiemment quatorze jours, telle est la durée moyenne de l'incubation.

Nichée exceptionnelle de Canaris, contenant neuf œufs ; la norme est de quatre ou cinq

Femelle couvant soigneusement ses œufs et indifférente au photographe

Au cours de cette période, dérangez la femelle le moins possible. Distraite par le chant du mâle, elle passe le plus clair de sa journée sur son nid à réchauffer ses œufs. Si le mâle se comporte en bon mari, il nourrira sa compagne afin de lui éviter de quitter sa couvée. Entretemps, commencez à mettre à la disposition du couple de la pâtée à l'œuf, une fois qu'ils en connaîtront le goût, ils en proposeront à leurs petits.

Au bout de quatorze jours se produit l'heureux événement. Grâce au subterfuge des faux œufs, les petits sortiront de leurs coquilles presque en même temps.

Quasiment nus comme des vers, recouverts seulement d'un duvet soyeux, les yeux clos et le bec grand ouvert dans l'attente de la nourriture, on ne peut pas dire que les petits soient beaux à voir. Mais la rapidité de leur croissance vous laissera pantois. A un mois, les oisillons sont presque identiques à leurs parents, à ceci près qu'ils sont plus petits.

Tant que la mère élève ses petits, veillez à ne pas trop la déranger, surtout si elle est jeune : elle risquerait en effet, sous l'effet de la peur, d'abandonner sa nichée. Normalement le mâle remplit ses devoirs de père en commençant à alimenter les jeunes au bout de trois semaines : ainsi, la femelle peut se consacrer à la construction d'un autre nid.

ET SI LE MALE NE SE COMPORTE PAS COMME IL FAUT ?

Il arrive parfois que le mâle importune la femelle durant la couvée et l'élevage des jeunes tout simplement parce qu'elle repousse ses avances sexuelles pour n'obéir qu'à son instinct de mère. Dans ce cas, isolez le mâle en insérant la paroi de séparation ou installez-le dans une autre cage placée à proximité. Il est important que les parents continuent à se voir et à se sentir.

UN PETIT TRUC POUR FACILITER LA NAISSANCE

A la fin de l'incubation, vous faciliterez l'éclosion des œufs en les humectant légèrement. L'humidité favorisera la rupture de la coquille. Vous pouvez également suggérer à la femelle de prendre un bain. Ainsi, une fois qu'elle regagnera son nid, les plumes encore toutes ruisselantes, elle humidifiera les œufs. Prenez garde à ne pas toucher les œufs : en voulant aider le petit à briser sa coquille, vous risquez de provoquer une hémorragie mortelle.

Si tout se déroule pour le mieux, votre petit couple donnera naissance, de mars à juillet, à deux, voire trois couvées. Dépasser ce nombre risquerait de compromettre la santé de la femelle. Il n'empêche malheureusement que des incidents plus ou moins graves peuvent survenir. Il faut que vous sachiez les affronter.

Femelle donnant la becquée à sa nichée

Quand les oisillons sont sains, l'intérieur de leur bec est rouge : il attire les parents qui sont alors « contraints » à y verser la nourriture

DEVELOPPEMENT DES JEUNES

- *A la naissance, la seule chose qu'ils sachent faire, c'est d'étendre le cou et d'ouvrir tout grand le bec pour quémander de la nourriture. Leurs fèces, enveloppées dans une membrane, sont avalées par leur mère.*
- *Dès le sixième jour, ils ouvrent les yeux.*
- *Vers le huitième jour, ils essaient de déféquer hors du nid.*
- *Entre le huitième et le dixième jour, passez-leur l'anneau à la patte.*
- *Vers le dix-huitième jour, ils se risquent à sortir du nid.*
- *Au bout d'un mois, ils sont sevrés et quittent leurs parents.*

Problèmes survenant lors de la reproduction

1. Quelquefois la femelle ne réussit pas à expulser un œuf dont la coquille est cassée, difforme ou trop grosse. Intervenez rapidement en introduisant dans le cloaque quelques gouttes d'huile.

2. Si la femelle refuse de donner la becquée à ses petits, donnez-leur des aliments conçus à leur effet, disponibles dans le commerce. Vous les diluerez dans un peu de jus de citron ou d'eau, avant de les introduire dans leur bec toutes les trois heures à l'aide d'une petite spatule ou d'une brindille émoussée.

3. Si un petit tombe du nid, réchauffez-le un instant au creux de vos mains avant de le replacer dans le nid.

4. Certaines femelles ne supportent pas la bague à la patte de leurs jeunes.
   En cherchant à l'enlever, elles jettent quelquefois le malheureux oisillon hors du nid. Passez la bague au fusain, vous éviterez ce drame.

Les maladies

Le Canari est un petit oiseau robuste, surtout s'il appartient à une race courante ou s'il est croisé. S'il est logé et hébergé correctement, il atteindra l'âge vénérable de dix ans, sans problème. Malheu-

COMMENT SAVOIR SI VOTRE CANARI EST MALADE

- *Il est apathique : il reste blotti dans un coin de sa cage.*
- *Il n'a pas d'appétit ou, au contraire, fait preuve d'un appétit démesuré.*
- *Soif inextinguible.*
- *Il a les plumes ébouriffées et les ailes qui tombent.*
- *Il respire en haletant bruyamment et bec ouvert.*
- *Il éternue, tousse, du mucus s'écoule de son nez.*
- *Il a les yeux mi-clos, gonflés et chassieux.*
- *Ses pattes sont rouges et enflées.*
- *Manque de coordination dans ses mouvements.*
- *Reste pelotonné avec la tête enfouie sous l'aile.*
- *Il a la diarrhée et ses fèces souillent les sous-caudales.*
- *Son ventre est ballonné, dur et rougi.*
- *Il est constipé : ses fèces sont très dures.*
- *Il accuse une perte de poids rapide.*
- *Chute anormale des pennes et des plumes.*

Si le canari reste prostré dans un coin de sa cage, il faut s'inquiéter de sa santé

reusement, il arrive qu'il tombe malade. Vu sa petite taille, il va sans dire qu'il est plus facile de prévenir que de guérir. S'il nécessite des soins, n'oubliez pas que nombreuses maladies ne se guérissent bien que si vous avez su en reconnaître les symptômes à temps.

Importance de l'hygiène

Vous avez constaté au cours des chapitres précédents combien l'hygiène jouait un rôle important dans le maintien de la santé des Canaris. Afin d'éviter la propagation des maladies, nettoyez, lavez et désinfectez régulièrement la cage et ses accessoires. Comme de nombreux microbes se transmettent à travers l'air, veillez également à l'hygiène du milieu ambiant. Mais inutile de craindre que votre Canari vous transmette des maladies ; observez les règles d'hygiène les plus élémentaires, lavez-vous les mains après avoir touché un animal par exemple, et vous ne courrez aucun risque.

Par souci de clarté, les maladies les plus courantes chez le Canari sont présentées ci-contre sous forme de tableau. En cas de doute, n'hésitez surtout pas à consulter un vétérinaire, il saura vous aider.

AGRANDISSEMENT D'UN ACARIEN ET D'UN PERCHOIR

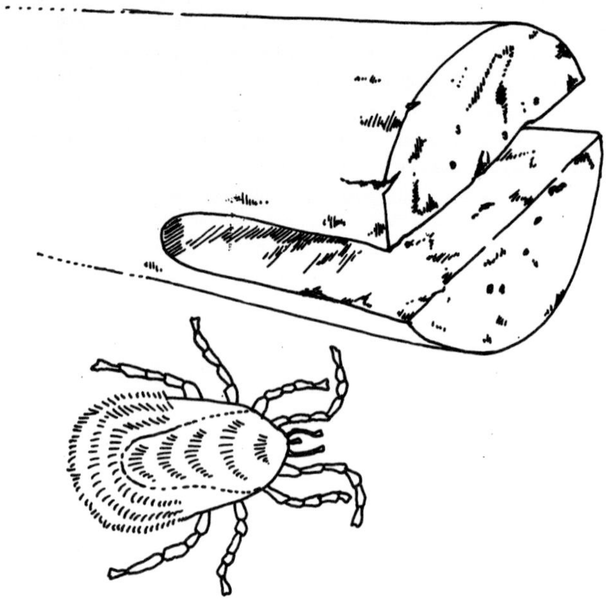

L'acarien, durant la journée, reste caché dans les interstices du perchoir, prêt à sucer le sang des Canaris la nuit venue

LES MALADIES LES PLUS FREQUENTES

	Coccidiose
Symptômes	*Diarrhée sanguinolente, perte de poids importante, bave filante s'écoulant du bec, mort au bout de 4 jours*
Causes	*Ingestion d'aliments ou d'eau contaminés par la salive d'animaux infestés*
Prévention	*Nettoyage et désinfection réguliers de la cage et des accessoires*
Traitement	*Isolement, désinfection et visite chez le vétérinaire*
	Collibacillose
Symptômes	*Somnolence, inappétence, diarrhée verdâtre et dyspnée, mort dans 50 % des cas, contagieuse pour l'homme*
Causes	*Ingestion d'aliments ou de liquides contaminés*
Prévention	*Hygiène scrupuleuse des accessoires et de la cage*
Traitement	*Administration d'1 ou 2 milligrammes de streptomycine 2 ou 3 fois par jour pendant 4 jours*
	Inflammation intestinale ou entérite
Symptômes	*Apathie, somnolence, diarrhée, soif inextinguible, manque d'appétit, dépérissement, mort*
Causes	*Nourriture inadaptée, infections, parasites*
Prévention	*Ne donnez pas d'aliments avariés*
Traitement	*Administration d'antibiotiques après examen des selles*
	Mue anormale
Symptômes	*Chute des pennes et des plumes en dehors de l'été*
Causes	*Erreurs alimentaires, hygiène insuffisante*
Prévention	*Aliments frais et variés, hygiène des locaux*
Traitement	*Eau additionnée d'un complexe vitaminé*
	Parasites externes, acariens gris ou rouges, poux
Symptômes	*L'animal est nerveux, il se gratte continuellement, perd ses plumes*
Causes	*Nettoyage insuffisant de la cage et des accessoires*
Prévention	*Hygiène méticuleuse des perchoirs*
Traitement	*Aspersions régulières de produits anti-parasitaires adaptés*

Cage d'individus malades

	Pneumonie
Symptômes	*Malaise généralisé, difficultés respiratoires, écoulement de mucus des narines, respiration bec ouvert*
Causes	*Courants d'air*
Prévention	*Emplacement correct de la cage*
Traitement	*Beaucoup de chaleur, antibiotiques et vitamines*

	Salmonellose
Symptômes	*Diarrhée abondante et malaise généralisé ; mort ; risques de contagion pour l'homme*
Causes	*Ingestion d'aliments et d'eau contaminés ; contact avec des porteurs sains : rats, pigeons, mouches, etc.*
Prévention	*Propreté méticuleuse et accès interdit aux animaux indésirables*
Traitement	*Après analyse des selles, administrez un antibiotique à large spectre. Propreté, chaleur, repos*
	Vers intestinaux : cestoïdes, ascaris, capillaires
Symptômes	*Fatigue, somnolence, amaigrissement, petits fragments blancs dans les selles ; mort par occlusion intestinale*
Causes	*Manque d'hygiène*
Prévention	*Propreté méticuleuse des récipients et de l'habitat*
Traitement	*Administration d'un vermifuge*

Des plumes ébouriffées et sales sont souvent signe de maladie

	Diphtérie ou diphtérie-variole
Symptômes	*Pennes ternes et ébouriffées ; forte diarrhée ; difficultés respiratoires, de la salive mousseuse sort de son bec ; mort*
Causes	*Contact avec des aliments ou animaux infestés, maladie très contagieuse*
Prévention	*Propreté et désinfection scrupuleuse*
Traitement	*Isoler complètement l'oiseau et appeler d'urgence le vétérinaire*
	Acariose des pattes
Symptômes	*Croûtes rugueuses et grisâtres sur les pattes ; déformation des pattes ; mort*
Causes	*Propreté insuffisante du sol de la cage*
Prévention	*Nettoyage et désinfection de la cage*
Traitement	*Application d'une pommade acaricide ; administration d'un complexe vitaminé*
	Lumps
Symptômes	*Kyste sous-cutané au niveau du dos et des ailes ; maladie touchant surtout les races anglaises*
Causes	*Héréditaire ; croisements répétés entre sujets schimmel*
Prévention	*Apparier intensif x schimmel*
Traitement	*Badigeonnements de teinture d'iode en cas de petits kystes, sinon, il faut les énucléer ; s'adresser à un spécialiste*

Génétique

C'est en visitant une exposition de Canaris que vous vous rendrez compte du nombre impressionnant de races diverses que l'homme a réussi à sélectionner et surtout de la variété des nuances de coloris (282 au moins). Si vous possédez chez vous un couple de Canaris qui se reproduit sans problèmes, vous serez tenté d'acheter un Canari de race pure afin d'obtenir la variété de couleur pour laquelle vous avez eu un coup de cœur.

Mais vous rencontrerez des problèmes d'ordre linguistique dès lors que vous parlerez avec un des éleveurs présents. Il ne manquera pas d'utiliser des termes spécialisés probablement inconnus du grand public. Afin de vous aider à comprendre ce jargon, voici la définition de quelques termes les plus fréquemment utilisés.

La cellule

Comme chacun sait, la cellule représente l'unité biologique de base régissant toutes les fonctions vitales des êtres vivants et donc l'hérédité. En simplifiant, nous pouvons dire que la cellule se compose du noyau, contenant deux séries d'éléments en forme de bâtons : les chromosomes.

Les cellules reproductrices, les gamètes, sont des *cellules haploïdes*, autrement dit ne comprenant qu'un jeu de chromosomes. Au cours de l'accouplement, le gamète mâle, le spermatozoïde, s'unit avec

Rouge orange givré

le gamète femelle, l'ovule, pour former une double cellule fécondée : la *cellule diploïde*, qui donnera naissance à un nouvel être vivant.

LE GENOTYPE

Ce terme indique le patrimoine génétique d'un individu, qui existe mais ne se voit pas.

LE PHENOTYPE

Ensemble des caractères formant l'aspect d'un individu, visibles de l'extérieur, qui se manifestent.

LE PORTEUR

C'est un individu manifestant (phénotype) un certain aspect extérieur, mais possédant dans son patrimoine génétique (génotype) d'autres caractères non visibles.

Jaune panaché mâle

Les facteurs de l'hérédité

Nous voici donc amenés à parler des *facteurs de l'hérédité*, c'est-à-dire des lois de la transmission des caractères héréditaires. Chez les Canaris, ils sont au nombre de trois.

LES FACTEURS

Dominant	***Récessif***	***Lié au sexe***
intensif	*blanc récessif*	*brun agate*
blanc dominant	*opale*	*isabelle pastel*
huppe	*INO*	*ivoire satiné*

Pastel noir brun rouge et orange panaché, mâle

Noir brun argenté

Satiné jaune

Dominant. Caractère qui inhibe complètement la manifestation d'autres caractères qui restent donc masqués.
Il apparaît chez les individus de la première génération.

Récessif. Facteur restant latent et qui, pour se manifester, doit être présent soit chez le père (individu pur ou bien porteur), soit chez la mère.
Dans ce cas, tous les enfants, mâles ou femelles, en hériteront.

Lié au sexe. Facteur qui, pour se manifester, doit être présent dans les chromosomes du père (individu pur ou porteur) ou de la mère. Auquel cas, tous les descendants femelles en hériteront. Si la mère est la seule à posséder ce facteur, elle le léguera aux enfants mâles qui en deviendront porteurs.

Agate orangé intense

Les mélanines et les lipochromes

Les Canaris de couleur se divisent en deux groupes :

Les mélaniques. Ils sont caractérisés par la présence de mélanines (pigments colorants) qui, en donnant au plumage sa couleur plus ou moins foncée, crée un motif.
Les mélanines se divisent à leur tour en :

- *phaeomélanines*, de couleur brune ;
- *eumélanines noires*, de brun-noir à presque noir ;
- *eumélanines brunes*.

Les lipochromes. Ce sont des oiseaux non pigmentés par manque de mélanines, ils ne possèdent que des lipochromes blancs, jaunes, orange rouge, ivoire ou ivoire rosé.

En fonction de la qualité et de la quantité des mélanines, les Canaris mélaniques se subdivisent en quatre types classiques.
• Brun-noir : qui présente trois mélanines oxydées.

• Brun : la phaeomélanine et l'eumélanine de teinte brune sont oxydées, et l'eumélanine noire est inhibée.
• Agate : les mélanines sont toutes les trois présentes, mais diluées.
• Isabelle : les phaeomélanines et les eumélanines brunes sont diluées et l'eumélanine noire est inhibée.

Les nouveaux types prennent en compte d'autres facteurs de dilution ; ils s'ajoutent aux quatre précédents :
– *pastel* : le second facteur de réduction à l'origine de:
  a) brun noir pastel ;
  b) brun pastel ;
  c) agate pastel ;
  d) isabelle pastel.
– *opale* : le troisième facteur de réduction donnant naissance à :
  a) brun noir opale ;
  b) brun opale ;
  c) agate opale ;
  d) isabelle opale.
– *INO* : quatrième facteur de dilution donnant :
  a) INO oxydé ;
  b) INO dilué.
– *satiné* : le facteur INO s'ajoute au cinquième facteur de dilution :
  satiné.

Le plumage des Canaris est jugé selon différents critères, le « type » en premier lieu, puis la « variété », qui désigne la variété du lipochrome. Il existe cinq variétés de lipochromes : *jaune, orange rouge, blanc, ivoire, ivoire rosé.*
Le coloris blanc est divisé en blanc teinté ou dominant, et blanc récessif. Vous trouverez par exemple des Canaris brun-noir-jaune (baptisés verts), agate orange rouge, isabelle pastel ivoire, ou brun opale ivoire rosé. Comme il existe quinze types différents par variété, au nombre de six, on obtient donc quatre-vingt-dix coloris. La dernière catégorie, mais non la moindre, se réfère à la répartition des couleurs sur le plumage. Elle se divise en :
– *l'intensif* : les plumes sont colorées jusqu'à la pointe, le Canari est d'une coloration uniforme et intense ;
– *le schimmel* : la pointe des plumes est décolorée, blanche ; le Canari semble avoir été saupoudré de farine blanche ou de givre ;
– le *mosaïque* : le pigment lipochrome (jaune, orange rouge ou ivoire) n'est présent que sur certaines régions du plumage.

Vous rencontrerez des Canaris se dénommant par exemple : vert intensif ou isabelle pastel ivoire schimmel, ou encore agate orange rouge mosaïque.
En conjuguant ces trois catégories, nous obtiendrons pour les Canaris « mélaniques » 270 plumages différents. Ajoutons à ce chiffre les douze Canaris « lipochromes », nous obtenons le chiffre considérable de 282 Canaris de couleur.

En résumé, les 282 Canaris de couleur se répartissent ainsi :		
GROUPE	**Lipochromes**	**Mélaniques**
TYPES CLASSIQUES		*– brun-noir* *– brun* *– agate* *– isabelle*
NOUVEAUX TYPES		***pastel** :* *– brun noir pastel* *– brun pastel* *– agate pastel* *– isabelle pastel* ***opale :*** *– brun noir opale* *– brun opale* *– agate opale* *– isabelle opale* ***INO :*** *– INO oxydé* *– INO dilué* *– **satiné***
VARIETES	***jaune***	***jaune** (quelques exemples) :* *– brun-noir-jaune (vert)* *– brun jaune pastel*
	orange rouge	***orange rouge** (quelques exemples) :* *– brun-orange rouge* *– agate opale orange rouge*
	blanc dominant	***blanc (argenté)** (quelques exemples) :* *– agate argenté* *– rubis oxydé argenté* *– argenté*
	blanc	
	blanc ivoire	***ivoire** (quelques exemples) :* *– isabelle ivoire* *– INO dilué ivoire*
	ivoire rosé	***ivoire rosé** (quelques exemples) :* *– satiné ivoire rosé*
CATEGORIE	***intensif :*** *– jaune intensif* *– orange intensif* *– ivoire intensif* *– ivoire rosé intensif*	***intensif** (quelques exemples) :* *– agate jaune intensif* *– isabelle rouge orangé intensif* *– brun noir pastel ivoire intensif* *– brun opale ivoire rosé intensif*
	schimmel : *– jaune schimmel* *– orange rouge schimmel* *– ivoire schimmel* *– ivoire rosé schimmel*	***schimmel** (quelques exemples) :* *– INO oxydé jaune schimmel* *– INO dilué orange rouge schimmel* *– satiné ivoire schimmel* *– noir brun ivoire rosé schimmel*
	mosaïque : *– jaune mosaïque* *– rouge orange mosaïque* *– ivoire mosaïque* *– ivoire rosé mosaïque*	***mosaïque** (quelques exemples) :* *– brun jaune mosaïque* *– agate rouge orange mosaïque* *– isabelle ivoire mosaïque* *– brun pastel ivoire mosaïque*

Les hybrides

Vert et gris, telles sont les couleurs du Canari sauvage. Avec la première mutation apparut le Canari jaune bien connu. Sous l'influence des progrès opérés dans la sélection, le manteau de ces sympathiques chanteurs prit bien d'autres teintes et le sens de la pousse de certaines plumes se modifia ; c'est ainsi que naquit la huppe ou les frisures de certains serins frisés.

Les hybrides fertiles

Le superbe coloris orange rouge n'est pas le fruit d'une mutation génétique mais de l'accouplement et de la sélection qui s'ensuivit d'une femelle Canari avec un Cardinal du Venezuela, petit Fringillidé originaire de l'Amérique du Sud, au plumage rouge et noir. Le résultat de cet appariement donna des petits possédant les couleurs du père et la taille de la mère.

Les produits de cette union sont fertiles. L'éleveur obtiendra, au fur et à mesure des appariements, des sujets dont la forme et la taille se rapprocheront de plus en plus de celle du Canari, mais aux coloris du plumage identiques à ceux du Cardinal. L'appariement du Canari avec le Tarin à tête noire donne une progéniture fertile et améliore la couleur noire des Canaris.

C'est grâce à ce Fringillidé, le Petit Cardinal des Indes, que les éleveurs ont pu introduire la couleur rouge chez les Canaris

Le résultat du croisement entre le petit Cardinal des Indes et le Canari est appelé F1

Exemplaire issu du croisement entre Canari et Chardonneret

Métis de Canari et de Chardonneret

Les hybrides stériles

Malheureusement, certains appariements donnent naissance à une progéniture stérile dépourvue d'intérêt pour la sélection. Exemple classique : l'appariement entre un Canari et un Chardonneret. Les femelles nées de cette union ne sont d'aucune utilité. Les mâles, ayant hérité du chant du Canari et surtout du Chardonneret, deviennent de remarquables chanteurs.

Bel exemple de croisement entre un Canari et un Venturon

L'HYBRIDATION EN PRATIQUE

L'homme a toujours été fasciné par la possibilité de créer des êtres vivants rares et uniques. Il n'y réussira qu'en observant certaines règles :

- *Travailler avec des oiseaux nés en captivité.*
- *Le mâle et la femelle doivent hiverner ensemble.*
- *Si vous appariez des espèces de taille différente, choisissez un petit sujet de la plus grande taille et un grand sujet de la plus petite.*
- *S'armer de patience, ne pas se décourager dès la première tentative, un couple met souvent des années avant d'avoir une autre nichée.*

Croisement entre un Canari et un Chardonneret

Les principales races élevées en France

Au cours des chapitres précédents, nous avons abordé le problème du choix de la cage, des mangeoires, et des augets, et parlé de l'alimentation, de la reproduction et des maladies des Canaris. A présent, parlons brièvement des principales races de Canaris élevées actuellement en France. Les portraits d'oiseaux suivants ne mentionnent que les caractéristiques les plus marquantes, je vous conseille la lecture d'ouvrages spécialisés si vous désirez en savoir plus.

LES RACES ACTUELLES

• ***Canaris chanteurs***	*Malinois Waterslager, Harzer Roller, Timbrado*
• ***Canaris de forme et de posture*** *(Les Canaris frisés)*	*Frisé parisien, Frisé du Nord, Hollandais du Sud, Frisé de Suisse, Gibber italicus, Padouan, Bossu, Fiorino*
• ***Canaris de forme et de posture*** *(autres races)*	*Bernois, Hoso japonais, Bossu, Münchener, Huppé allemand, Raza espagnol*
• ***Canaris de couleur***	*une seule race, 282 couleurs*
• ***Canaris de forme et de posture*** *(Canaris anglais)*	*Border, Fife, Crest, Crest-bred, Gloster Consort, Gloster Corona, Lizard argent, Lizard or, Lancashire, Norwich, Scotch, Yorkshire*

LES CANARIS CHANTEURS

LE HARZER ROLLER

(Le Canari du Harz)

Epoque et provenance

Taille

Caractéristiques

Qualités de reproducteur

XIXe siècle, Allemagne
14 cm
race de chanteurs par excellence
excellentes, même pour éleveurs néophytes

Caractéristiques générales. Le Harzer Roller, Canari chanteur par excellence, possède un ramage aux tons très différents de celui des autres Canaris. Il émet son chant à partir de la gorge, et le roule, bec fermé. Son chant est doux, étouffé, profond et mélodieux, surtout dans les basses. A l'écouter, on croirait entendre au lointain les bruits de la forêt et des bûcherons. Son répertoire comprend huit mélodies différentes aux appellations allemandes, allant par exemple du bruit d'une poulie en bois qui tourne (*Hohlrolle*, roulée profonde), aux murmures de l'eau qui coule goutte à goutte ou s'écoule (*Wassertouren*).

Caractéristiques physiques. Le Canari du Harz est mince et de la même taille que le Canari courant. Parmi tous les Canaris, c'est lui qui ressemble le plus au Canari sauvage. Son plumage est vert, jaune, ou tacheté de vert et de jaune.

Reproduction et sélection. Comme il est robuste, il se reproduit sans problème. Ses qualités de chanteur, héréditaires, peuvent être développées par un « maître-chanteur ». Son environnement acquiert à cet égard une importance fondamentale. Sélectionner l'Harzer ne pose pas de problèmes particuliers. Lui apprendre à chanter s'avère nettement plus compliqué. Il doit bénéficier d'excellents professeurs.

LE MALINOIS
(Waterslager)

Epoque et provenance	XVIIIe-XIXe siècles, Belgique
Taille	14-15 cm
Caractéristiques	la race de Canaris chanteurs la plus élevée
Qualités de reproducteur	excellentes, convient aussi aux éleveurs débutants

Caractéristiques générales. Waterslager signifie littéralement « bruits d'eau », et c'est en effet ce qu'évoque le chant de cet oiseau. Harmonieux, très varié, son chant cristallin aux nombreuses sonorités appuyées et graves est émis bec ouvert le plus souvent. Il comporte douze mélodies qui rappellent le bruit de l'eau coulant goutte à goutte (*Klokkende* et *Bollende*), le murmure d'un ruisseau courant sur les pierres (*Rollende*), le tintement des cloches (*Bellen*) et le bruit de remontoir d'une horloge (*Chorr*). Certaines mélodies du Malinois rappellent quelques phrases simples du chant du rossignol.

Caractéristiques physiques. Légèrement plus mince et plus élancée que celle du Canari ordinaire, la silhouette du Malinois est un peu incurvée. Cette dernière caractéristique se remarque facilement lorsqu'il prend sa pose de chant : il baisse les ailes et ouvre légèrement la queue. Son plumage est jaune ou tacheté sombre.

Reproduction et sélection. Ce chanteur résistant et prolifique s'élève facilement. Ses qualités de chanteur n'étant pas seulement héréditaires, il est conseillé de lui attribuer un professeur âgé de un ou deux ans. Il acquerra rapidement un répertoire idéal car c'est un élève très doué.

LES CANARIS DE FORME ET DE POSTURE : LES SERINS FRISES

LE FRISE PARISIEN

Epoque et provenance	XIXe siècle, France
Taille	20-22 cm
Caractéristiques	le plus grand des serins frisés
Qualités de reproducteur	médiocres, seulement pour éleveurs confirmés

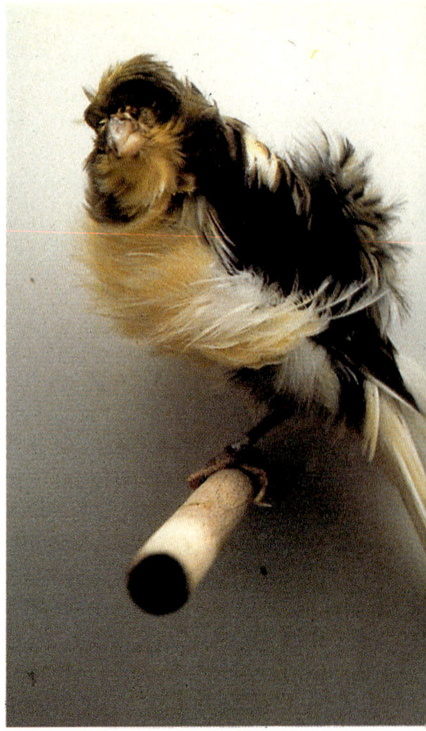

Caractéristiques générales. En vertu de son imposante stature et de la richesse de son plumage, il est considéré comme le roi des serins frisés. Sa posture est dressée. C'est un oiseau calme, souvent peu doué pour le vol.

Caractéristiques physiques. Le Parisien se caractérise par sa grande taille et la frisure typique de ses plumes. Chaque région de son corps doit présenter des frisures bien précises qui portent des noms différents. Le jabot désigne les plumes volumineuses sur la poitrine qui frisent symétriquement en formant une coquille, le manteau est formé par les plumes du dos qui se divisent le long d'une raie médiane entre les ailes pour retomber sur les flancs. Le bouquet désigne la touffe vaporeuse de plumes frisées près de la queue. La tête est recouverte de plumes relevées, le casque, ou de plumes rabattues sur les deux côtés de la tête, en forme de calotte. Voilà pour quelques-unes des frisures les plus typiques de ce Canari aux coloris divers.

Reproduction et sélection. En raison de leurs dimensions, ces Canaris posent des difficultés de reproduction. Ils sont peu féconds et difficiles à élever. Mieux vaut confier les petits à des parents d'autres races.

LE FRISE DU NORD

Epoque et provenance	XIXe siècle, France
Taille	17-18 cm
Caractéristiques	le serin frisé le plus ancien
Qualités de reproducteur	excellentes, pour éleveurs confirmés

Caractéristiques générales. Les premiers serins frisés furent baptisés « trompettes » en raison de la similitude de leurs épaulettes frisées avec celles des trompettes du roi. Comme cette frisure ressemblait beaucoup à la coiffe hollandaise traditionnelle, ils se nommaient à l'origine « Hollandais du Nord ». Etant donné leur tempérament un peu fougueux, il est préférable de séparer les mâles.

Caractéristiques physiques. Le Frisé du Nord est un Canari de grandes dimensions et au port droit. Chacune des zones de son corps (au nombre de cinq) est recouverte d'une frisure abondante qu'un plumage lisse et adhérent sépare les unes des autres. Sa tête, son cou et son abdomen, doivent être recouverts de plumes lisses, tandis que les épaulettes, les flancs et le jabot sont parés d'une frisure fournie. Tous les coloris de plumage sont admis.

Reproduction et sélection. Il s'agit d'une race plutôt robuste. Très fécondes, les femelles sont en outre de bonnes mères. C'est pourquoi on les donne comme nourrices aux petits Frisés parisiens. Attention à ce que les reproducteurs n'aient pas la tête et le ventre frisés, cela signifierait qu'ils sont issus du Parisien.

LE HOLLANDAIS DU SUD

Epoque et provenance

Taille

Caractéristiques

Qualités de reproducteur

XIXe siècle, France
16-17 cm
frisé, port en forme de 7
excellentes, pour éleveurs non débutants

Caractéristiques générales. Le Hollandais du Sud ressemble beaucoup au Frisé du Nord, seuls son port en forme de sept et son jabot le différencient. Cet oiseau doit son extrême élégance à l'abondance de ses frisures, à son cou penché et ses pattes qu'il tend avec une grâce affectée lorsqu'il se met en posture de travail en forme de sept. Son système nerveux a ceci de particulier qu'il l'oblige à adopter cette posture extraordinaire dans les moments où il prête attention. Au repos, il se tient à un barreau par une patte, le corps renversé en arrière.

Caractéristiques physiques. Les seules frisures admises sont les suivantes : épaulettes, flancs et jabot. Le reste du plumage doit être lisse et coller au corps. Les frisures doivent être nettement séparées des parties lisses. Il a le jabot en forme de nid d'hirondelle et l'abdomen lisse, comme celui du Frisé du Nord. Toutes les couleurs de plumage sont tolérées.

Reproduction et sélection. Sa douceur de caractère, sa grâce, sa docilité, et sa résistance en font un des meilleurs reproducteurs parmi les serins frisés.

LE GIBBER ITALICUS

Epoque et provenance	1951, Italie
Taille	14-15 cm
Caractéristiques	serin frisé, port en forme de 7
Qualités de reproducteur	médiocres, seulement pour éleveurs non débutants

Caractéristiques générales. Le Gibber italicus doit son nom à la descendance italienne de l'Hollandais du Sud des années 20-30. Son port est en forme de 7 également. Cette race, une des plus étranges, a coutume de susciter un grand étonnement dans le public. Sa tête petite et ovale fait penser à celle d'un serpent, elle s'appuie sur un long cou gracile formant angle droit avec le corps mince et fuselé de l'animal. Son tronc vertical forme avec l'axe tête-cou un angle presque droit. Si vous regardez le Canari de derrière, vous n'apercevrez pas sa tête, cachée par les épaules. Il tient sa queue au ras du perchoir.

Caractéristiques physiques. Son plumage est rêche, et si peu abondant qu'il laisse en quelques endroits la peau à nu. Toutes les couleurs sont admises. Les frisures classiques sont très peu marquées.

Reproduction et sélection. Le recours à des nourrices s'avère quelquefois nécessaire car certains Gibber italicus sont de piètres parents. Mais ce sont de bons reproducteurs. Fruits d'une sélection poussée et de croisements consanguins, ils nécessitent cependant une certaine expérience dans la sélection des reproducteurs.

LE FRISE DE COULEUR

Epoque et provenance	1930-1940, Italie
Taille	18 cm minimum
Caractéristiques	frisé de diverses couleurs
Qualités de reproducteur	moyennes, uniquement pour éleveurs non débutants

Caractéristiques générales. Issu du croisement du Frisé du Nord avec des Canaris blancs, il a été croisé dans les années 30, par des éleveurs de Milan, avec le Frisé Parisien. A l'origine, il s'appelait Milanais blanc (*Milanbianco*), et fut baptisé Frisé de couleur lorsque le standard admit les couleurs orange et ardoise, pures. En raison de sa trop grande similitude avec le Frisé parisien dont elle diffère seulement par la couleur du plumage, cette race n'est pas reconnue lors des manifestations internationales. En revanche, il arrive que les expositions-concours nationaux prévoient pour les Frisés de couleur une classe à part. Ils pourront alors au choix concourir dans cette classe, ou dans celle des Frisés parisiens.

Caractéristiques physiques. Le Frisé de couleur, considéré à tous égards comme un Parisien, doit comme tel présenter toutes les frisures caractéristiques décrites dans la rubrique « Frisé parisien ».

Reproduction et sélection. Plus vif que le Parisien, il est en général plus facile à élever. C'est pourquoi des amateurs manquant d'expérience le choisissent avant de passer au Frisé parisien.

LE PADOUAN

Epoque et provenance	1945-1950, Italie
Taille	18-19 cm
Caractéristiques	frisé à huppe
Qualités de reproducteur	bonnes, uniquement pour éleveurs non débutants

Caractéristiques générales. Canari au port très droit et aux frisures caractéristiques. Son corps forme un angle proche de 65° par rapport au plan horizontal. Il ressemble beaucoup au Frisé de couleur à ceci près que sa tête est surmontée d'une huppe. Indispensables pour la reproduction, les sujets dépourvus de huppe sont très appréciés s'ils ont les plumes du sommet du crâne foncées.

Caractéristiques physiques. Il doit posséder un plumage très fourni. Ses frisures sont plus abondantes que celles du Frisé du Nord. Elles sont localisées sur la tête, dotée d'une huppe centrale aux grandes plumes retombant symétriquement sur le bec et les yeux, sur le cou agrémenté d'une collerette de plumes recourbées vers le haut, sur l'abdomen bien emplumé, le croupion et les « plumes de coq » à la naissance de la queue.

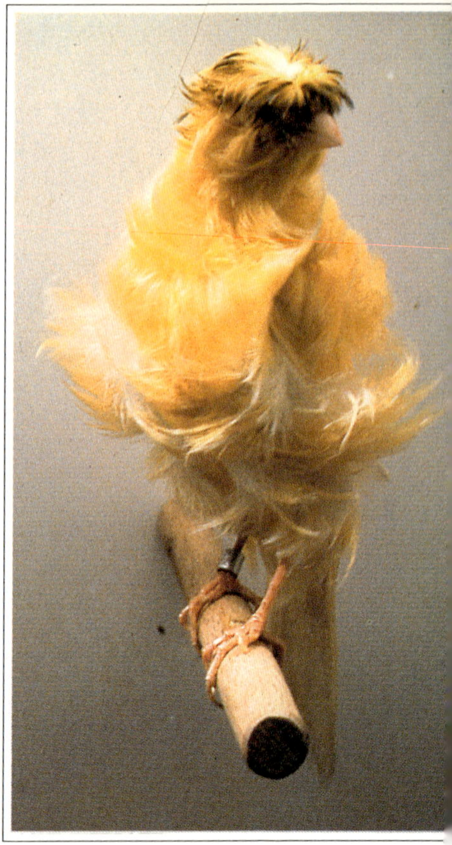

Reproduction et sélection. Les Padouans sont féconds et bien attentionnés à l'égard des jeunes. Il arrive qu'ils pondent des œufs transparents. Ils ne peuvent devenir des parents accomplis que s'ils bénéficient de chaleur et de lumière. Pour éviter de rencontrer des problèmes, croisez un sujet huppé avec un sujet à tête lisse.

LES CANARIS DE FORME ET DE POSTURE : LES CANARIS ANGLAIS

LE GLOSTER FANCY

Epoque et provenance	1925, Angleterre
Taille	11,5-12 cm
Caractéristiques	Canari huppé de petite taille
Qualités de reproducteur	excellentes, même pour éleveurs débutants

Caractéristiques générales. Sa huppe ressemble à une petite perruque. Il existe deux variétés de Gloster :

- le Gloster Corona, muni d'une huppe ;
- le Gloster Consort, qui en est dépourvu.

Les oiseaux de cette race se caractérisent également par leur petite taille, un corps très compact, plein et arrondi et un cou tassé.

Caractéristiques physiques. La huppe doit être constituée de plumes partant toutes d'un même point au sommet de la tête et retombant parfaitement uniformément tout autour, en laissant les yeux et le bec à découvert. Vu de haut, le Gloster accuse une forme circulaire, légèrement courbe. Son plumage peut être de diverses couleurs à l'exception de l'orange rouge. Les sujets au plumage jaune et blanc coiffés d'une huppe sombre sont très recherchés.

Reproduction et sélection. Cet oiseau au chant doux et mélodieux est en outre un reproducteur très prolifique. Sa robustesse en fait l'oiseau idéal pour éleveurs débutants. Veillez à ne jamais apparier deux sujets à huppe, mais plutôt un Corona et un Consort.

LE NORWICH

Epoque et provenance	1800, Angleterre
Taille	16 cm
Caractéristiques	silhouette ramassée et arrondie
Qualités de reproducteur	bonnes, pour éleveurs confirmés

Caractéristiques générales. Il ressemble à un Gloster géant avec lequel pourtant il n'a aucune parenté. Il est surtout caractérisé par l'aspect arrondi et compact de son corps, et un poitrail tout rond. Son plumage est de couleur très vive. Pour en accentuer encore l'intensité, les Anglais ont coutume d'ajouter à l'alimentation du Norwich du poivre de Cayenne.

Caractéristiques physiques. La tête doit être la plus grande possible et former une grosse boule. Les sourcils très fournis ne doivent pas cacher les yeux. Son cou robuste ne forme qu'un avec la tête et le thorax. Ce dernier est si rebondi qu'il effleure parfois le perchoir. La silhouette générale de ce sympathique Canari doit se rapprocher le plus possible d'une boule.

Reproduction et sélection. Les Norwich ne sont pas toujours de bons parents. Dans ce cas, il est préférable de recourir à des parents nourriciers. Afin d'obtenir des sujets de concours, appariez **jaune × vert**. Et croisez entre eux les panachés issus de cette union si vous voulez obtenir à nouveau les couleurs d'origine jaune et vert. Actuellement on a tendance à apparier intensif et schimmel pour éviter les lumps.

LE YORKSHIRE

Epoque et provenance	1870, Angleterre
Taille	17-18 cm
Caractéristiques	silhouette en forme de carotte
Qualités de reproducteur	bonnes, uniquement pour éleveurs confirmés

Caractéristiques générales. Sa posture est si dressée que son corps forme avec le perchoir un angle d'environ 80°. Pour accentuer encore cette caractéristique et l'obliger à tenir parfaitement en équilibre dans cette position, le Yorkshire est exposé, lors des concours, dans des cages étroites et hautes munies d'un seul perchoir. Sa taille normale varie entre 17 et 18 cm, mais il arrive souvent que certains mâles soient plus grands.

Caractéristiques physiques. La tête est ronde et pleine, avec une nuque large et des sourcils bien accentués. Le cou donne l'impression d'être directement encastré dans les épaules, larges et très hautes. La ligne du corps s'affine jusqu'à la queue, ce qui la fait ressembler à une carotte. Le plumage brillant est constitué de plumes relativement courtes qui collent au corps. Tous les coloris sont admis, artificiels y compris.

Reproduction et sélection. Ce sont des Canaris tranquilles, d'une vivacité modérée, bons parents, même si le recours à des nourrices s'avère parfois nécessaire. Là encore, appariez de préférence **vert × jaune**, **panaché × panaché** et **intensif × schimmel**.

LE CREST-BRED ET LE CREST

Epoque et provenance	XIXe siècle, Angleterre
Taille	16-17 cm
Caractéristiques	huppé, trapu
Qualités de reproducteur	bonnes, seulement pour éleveurs confirmés

Caractéristiques générales. Cette race possède deux variétés : le *Crest-Bred,* dépourvu de huppe et le *Crest,* muni d'une belle huppe dont les plumes longues et larges recouvrent presque entièrement les yeux et le bec.

Caractéristiques physiques. Les mêmes que celles du Norwich, mais le Crest possède une grande

huppe, un plumage plus long, plus touffu et collant moins au corps. Sa silhouette est légèrement plus allongée. La huppe devant être implantée sur une tête bien conformée, choisissez des reproducteurs à la tête plate et dotée de grands sourcils.

Reproduction et sélection. La huppe recouvre en partie les yeux du Crest, ce qui l'empêche de bien voir.

Taillez-la de temps à autre, son œil pourra ainsi fonctionner normalement.

Parmi les Crest, on trouve quelquefois de mauvais parents qu'il est préférable de remplacer par des nourrices. Croisez de préférence **huppé × non huppé, schimmel × intensif.**

LE LIZARD « ARGENT » ET LE LIZARD « OR »

Epoque et provenance	XVIe siècle, Angleterre
Taille	12-13 cm
Caractéristiques	plumage à dessin en forme d'écailles
Qualités de reproducteur	excellentes, même pour éleveurs débutants.

Caractéristiques générales. Il doit son nom de « Lizard », lézard en anglais, au motif de son plumage qui rappelle les écailles de la peau d'un lézard. Il s'agit de la race la plus ancienne que l'on connaisse, et dont les caractéristiques sont restées immuables depuis des siècles.
Certains sujets ont la tête recouverte d'une calotte claire et bien régulière, composée de plumes de couleur sans motif.
Le Lizard existe en deux couleurs : or et argent.

Caractéristiques physiques. Ce qui fait la particularité de ce Canari, c'est le dessin de ses plumes, quasiment noires et bordées d'une bande lipochrome. En se superposant, elles forment un motif à lignes piquetées et disposées géométriquement qui donne l'impression que la partie supérieure du dos est recouverte d'écailles. La calotte du Lizard, dépourvue de dessin, ne fait qu'accentuer son originalité.

Reproduction et sélection. C'est un Canari facile à élever. Croisez **or × argent**. Lors de la sélection des reproducteurs, prêtez particulièrement attention au dessin et non à la calotte.
Chez les jeunes Lizards, le motif en écailles et la calotte n'apparaissent qu'après leur première mue.

LE BORDER ET LE FIFE

Epoque et provenance

Taille

Caractéristiques

Qualités de reproducteur

XVIIIe siècle et 1957, Ecosse et Angleterre
14 cm et 11,5 cm
ressemble au Canari ordinaire, petite taille
excellentes, même pour éleveurs débutants

Caractéristiques générales. Ces deux races présentant des caractéristiques très similaires, j'ai choisi de les traiter ensemble. Seule leur taille diffère.

Ces Canaris ressemblent énormément aux Canaris de couleur, excepté qu'ils sont un peu plus rondelets qu'eux.

Tout en étant des Canaris de posture, leur plumage revêt une certaine importance. Toutes les couleurs sont admises à l'exception des couleurs artificielles. Les unis sont beaucoup plus appréciés que les bigarrés.

Caractéristiques physiques. Le bec est petit. La tête, également petite, doit être bien ronde. Le cou cylindrique et court se détache bien du reste du corps. Le corps relativement plein s'amincit vers la queue. Le plumage, abondant et fourni, colle bien au corps et en souligne les contours.

Avec sa taille de 11,5 cm, le Fife est actuellement le Canari le plus petit, on le considère comme un Border miniature, un véritable petit bijou.

Reproduction et sélection. Robustes, prolifiques, parents affectueux, le Border et le Fife souffrent avantageusement la comparaison avec les autres Canaris. Ils servent de parents nourriciers aux petits de races plus difficiles.

CANARIS DE FORME ET DE POSTURE : CANARIS DE RACES DIVERSES

LE BOSSU BELGE

Epoque et provenance	XVIIe-XVIIIe siècles, Belgique
Taille	17 cm
Caractéristiques	posture dressée mais voûtée
Qualités de reproducteur	bonnes, pour éleveurs débutants

Caractéristiques générales. Son nom est parlant. De par la taille et le port, le Bossu ressemble à un Hollandais du Sud qui serait dépourvu de frisures. Le port constitue la particularité la plus marquante de ce Canari. De profil, sa posture de travail devrait évoquer le chiffre 1. Mais elle est difficile à obtenir et plus encore à garder. Les experts s'estiment déjà satisfaits lorsqu'un Bossu maintient une posture en forme de 7. Lorsqu'on l'observe de derrière, on ne voit pas sa tête mais seulement son corps, à la verticale, se terminant par ses épaules, très hautes. Il arrive à se maintenir ainsi en se dressant complètement sur ses pattes.

Caractéristiques physiques. Son plumage doit être le plus lisse et adhérer le mieux possible au corps. A l'exception des coloris artificiels, toutes les couleurs de plumage sont admises.

Reproduction et sélection. Les Bossus sont de bons parents, mais le recours à des nourrices s'impose parfois. Voici les croisements les plus classiques : **jaune** x **vert, panaché** x **panaché**, etc., et **schimmel** x **intensif** afin de ne pas obtenir un plumage trop long qui ferait ressembler le Bossu à un Hollandais du Sud.

LE SCOTCH FANCY

Epoque et provenance	XIXe siècle, Ecosse
Taille	au moins 17 cm
Caractéristiques	port droit, en forme de demi-lune
Qualités de reproducteur	bonnes, seulement pour éleveurs non débutants

Caractéristiques générales. Depuis quelques années, des éleveurs professionnels essaient de recréer cette race en voie de disparition et obtiennent des résultats satisfaisants. Le Scotch a un port également très caractéristique : vu de profil, il évoque une demi-lune ou un demi-cercle, car sa queue retombe bien en dessous du perchoir. Se mettre dans cette position de travail lui coûte un effort musculaire gigantesque, c'est pourquoi il n'arrive à la garder que quelques secondes. Très nerveux, Le Scotch passe son temps à sauter d'un perchoir à l'autre, sans se servir de ses ailes.

Caractéristiques physiques. La tête du Scotch est petite et serpentiforme, son dos est convexe, sa queue longue et étroite.
Son plumage lisse adhère bien au corps.
Toutes les couleurs, artificielles y compris, sont admises.

Reproduction et sélection. Les Scotch sont de bons reproducteurs et de bons parents.
Les croisements classiques du Scotch fancy sont : **jaune** x **vert, panaché** x **panaché**, etc., et évidemment **intensif** et **schimmel.**
Afin que les jeunes destinés aux concours puissent se mettre en position de travail devant le juge, il faut les dresser. Habituez-les à temps à la cage de concours.

LES CANARIS DE COULEUR : LES LIPOCHROMES

LE LIPOCHROME JAUNE

Epoque et provenance	XVIIᵉ siècle, Allemagne
Taille	12-13 cm
Caractéristiques	couleur jaune uni
Qualités de reproducteur	excellentes, même pour éleveurs débutants

Caractéristiques générales. Cette couleur provient de la première mutation du Canari sauvage, caractérisée par la disparition complète des mélanines du plumage. Les yeux sont noirs, le bec et les pattes clairs, couleur chair et la sous-plume blanche.

Caractéristiques chromatiques. Parmi les Canaris jaunes, il en existe des jaune paille, jaune d'or, jaune maïs et jaune citron, nuance la plus recherchée. Les concours prévoient trois catégories : intensif, schimmel, et mosaïque. Le Canari jaune intensif possède une couleur uniforme et intense sur tout le plumage, tandis que le jaune schimmel paraît saupoudré de farine. Le plumage du Canari jaune mosaïque est parfaitement blanc sauf en quelques endroits bien précis, de couleur jaune.

Reproduction et sélection. La couleur jaune étant d'hérédité intermédiaire, on obtient les deux couleurs en appariant **jaune** x **blanc**, croisement recommandé si vous voulez obtenir des sujets de qualité. Il est également recommandé d'apparier **intensif** x **schimmel, mosaïque** x **mosaïque** ou **mâle porteur mosaïque** x **femelle mosaïque.**

IVOIRE

Epoque et provenance	années 60, Europe
Taille	12-13 cm
Caractéristiques	jaune pâle
Qualités de reproducteur	excellentes, également pour éleveurs débutants

Caractéristiques générales. C'est le seul facteur de dilution des lipochromes qui agisse sur la structure des pennes et décolore le jaune en couleur crème. La couleur du plumage de ce Canari ressemble à celle d'une boule de billard en ivoire naturel qui jaunit au fil des ans. Il a les yeux noirs, le bec et les pattes couleur chair, et la sous-plume blanche.

Caractéristiques chromatiques. Cette variété de couleur comporte elle aussi trois catégories : intensif, schimmel et mosaïque, qu'il est difficile à un œil non exercé de distinguer en raison de son caractère peu prononcé.

Reproduction et sélection. En cas de croisement avec un blanc dominant, ce facteur ivoire, lié au sexe, a la propriété de faire disparaître la teinte jaunâtre du blanc des ailes qui devient alors blanc récessif. Croisé à un orange rouge, il donne un ivoire rosé, alors que croisé au brun noir orange rouge (bronze), il donne un violet. Croisé à un Canari vert, il donnera naissance à un Canari olive.

LE CANARI ORANGE ROUGE

Epoque et provenance	fin XIXe siècle, Allemagne
Taille	12-13 cm
Caractéristiques	la couleur la plus répandue après le jaune
Qualités de reproducteur	excellentes, même pour éleveurs débutants

Caractéristiques générales. Les Canaris orange rouge sont issus du croisement du Canari avec le Cardinal du Venezuela. Leur plumage contient des lipochromes jaunes et rouges. Les Canaris orangés ainsi obtenus présentent des plumes jaunes et d'autres rouges. En période de mue, le fait d'ajouter à leur alimentation des colorants naturels augmentera le nombre des pigments rouges de leurs nouvelles plumes ; votre Canari prendra alors une belle teinte orange rouge. Attention ! Donnés à doses excessives, ils risquent de causer des troubles de santé. En l'absence d'une alimentation appropriée, les nouvelles plumes repoussant lors de la mue suivante seront jaune orangé. Les Canaris orange rouge ont les yeux noirs, le bec et les pattes couleur chair, et la sous-plume blanche.

Caractéristiques chromatiques. Le Canari orange rouge intensif a les rémiges (pennes des ailes) et les pennes de la queue jaunes, et le reste du corps rouge vif.

Reproduction et sélection. Pour obtenir de beaux sujets orange rouge, appariez-les entre eux en tenant compte des intensifs, schimmel et mosaïque.

IVOIRE ROSE

Epoque et provenance	années 60, Europe
Taille	12-13 cm
Caractéristiques	semblables à celle du Canari ivoire
Qualités de reproducteur	excellentes, même pour éleveurs débutants

Caractéristiques générales. Assez difficile de parler du Canari ivoire rosé sans risquer de répéter ce que nous venons de dire à propos de l'ivoire ! L'ivoire rosé, qui n'est en fait qu'un rouge dilué, provient du mélange ivoire/orange rouge. Il en va pour les Canaris ivoire rosé comme pour les autres lipochromes. Les plus appréciés sont ceux dont la couleur, la plus pure et la plus accentuée possible, est répartie uniformément sur tout le plumage. Yeux noirs, pattes et bec de couleur chair, sous-plume blanche, voici ses autres caractéristiques.

Caractéristiques chromatiques. La catégorie des intensifs peut comporter des Canaris aux rémiges et aux rectrices tirant sur le jaune.

Reproduction et sélection. L'ivoire rosé, comme d'ailleurs l'ivoire, est un facteur récessif lié au sexe. Si vous voulez obtenir des jeunes ivoire rosé, procédez à l'appariement de porteurs ivoire rosé avec des sujets déjà ivoire rosé.

BLANC DOMINANT ET BLANC

Epoque et provenance

Taille

Caractéristiques

Qualités de reproducteur

fin XVIIe, début XXe siècles, Allemagne
12-13 cm
« plus blanc que lui, tu meurs »
excellentes, même pour débutants

Caractéristiques générales. Ces couleurs présentent des similitudes si grandes que j'ai choisi de les traiter ensemble. En quoi sont-elles différentes ? Le blanc teinté comprend des nuances jaunes ou orange au niveau des rémiges. Etant naturellement privés de lipochromes et de mélanines, les Canaris blancs sont moins pénalisés lors des concours que leurs collègues. Ils sont alors jugés en fonction de la pureté de leur couleur, de leur taille et de leur propreté. Ils ont le bec et les pattes de couleur chair, les yeux noirs et la sous-plume évidemment blanche.

Caractéristiques chromatiques. Rien à dire de spécial à leur propos si ce n'est que les tenir propres relève de l'exploit : notre air pollué suffit à les salir !

Reproduction et sélection. En raison de ses caractéristiques génétiques, le blanc teinté s'appelle également blanc dominant. A l'état homozygote, le facteur blanc est létal : il faut donc, pour obtenir des jeunes viables, accoupler toujours blanc dominant avec blanc récessif ou jaune.

LES LIPOCHROMES AUX YEUX ROUGES

Epoque et provenance	années 60, Belgique
Taille	12-13 cm
Caractéristiques	lipochromes aux yeux rouge vif
Qualités de reproducteur	excellentes, même pour éleveurs débutants

Caractéristiques générales. Chez ces lipochromes, le quatrième facteur de dilution (INO) a donné naissance aux **INO blancs** (plumage blanc), aux **INO jaunes** (plumage jaune), et aux **INO rouges** (de couleur orange rouge). Le cinquième facteur de dilution (satiné) est à l'origine, chez les lipochromes, de sujets du même nom. Ces différents facteurs de dilution sont responsables de la disparition des mélanines de l'iris, qui laisse alors voir le sang par transparence, d'où la couleur rouge des yeux. Les facteurs INO et satiné agissent sur les mélanines foncées, mélanines dont sont dépourvus les Canaris lipochromes. Les yeux rouges constituent donc le seul indice témoignant de l'action de ces facteurs chez les lipochromes.

Caractéristiques chromatiques. Le facteur INO peut agir sur les six variétés de lipochromes qui se différencieront alors des autres seulement par la couleur rouge des yeux.

Reproduction et sélection. Comme tous les albinos, les Canaris INO à yeux rouges sont moins résistants. Leurs yeux sont très sensibles à la lumière forte. Rien de particulier à signaler en ce qui concerne les appariements.

LES CANARIS DE COULEUR : LES MELANIQUES

LE CANARI BRUN-NOIR

Epoque et provenance	fin XIXᵉ siècle, Allemagne
Taille	12-13 cm
Caractéristiques	dessin noir sur fond de teintes variées
Qualités de reproducteur	excellentes, même pour débutants

Caractéristiques générales. Le plumage du Canari brun-noir est pigmenté par des mélanines, phaemélanines ou eumélanines, mélanines à leur stade d'oxydation maximal. Cette pigmentation forme un dessin noir et brun sur le dos, les flancs, les épaules, les ailes et la queue. Les pigments du bec et de la queue doivent être noirs, c'est-à-dire les plus oxydés possible. La moindre petite tache blanche suffira à disqualifier les oiseaux lors des concours. Les moustaches se distinguent nettement. La sous-plume est gris foncé.

Caractéristiques chromatiques. Selon la variété à laquelle les Canaris brun-noir appartiennent, leur couleur de fond peut prendre des teintes variées : verte en cas de croisement avec un Canari jaune, bronze avec un orange rouge, olive avec un ivoire, violette avec un ivoire rosé, ardoise et ardoise teintée en cas de croisement avec un lipochrome blanc. Les autres catégories restent les mêmes.

Reproduction et sélection. On apparie les brun-noir entre eux. Le croisement d'un brun-noir avec un brun ou un INO oxydé améliore les caractéristiques du dessin de ces derniers. On retrouve, chez les jeunes issus de deux verts, toute la gamme des types classiques.

LE CANARI BRUN

Epoque et provenance	fin XIXe siècle, Allemagne
Taille	12-13 cm
Caractéristiques	dessin marron sur fond de teintes variées
Qualités de reproducteur	excellentes, même pour éleveurs débutants

Caractéristiques générales. La mutation brune résulte d'une inhibition dans la formation des mélanines noires au profit des mélanines brunes. Le plumage obtenu est d'une couleur brun chaud uniforme à dessin marqué brun foncé. Les pattes et le bec des bruns n'étant pas oxydés, ils sont de couleur chair. La sous-plume est grise.

Caractéristiques chromatiques. Excepté la couleur (marron foncé), le dessin du Canari brun est identique à celui du Canari brun-noir. Les variétés de lipochromes sont identiques chez les bruns et les brun-noir, ce qui donne : brun-jaune, brun ivoire, brun orange rouge, brun ivoire rosé, brun argent (blanc) et brun argent dominant.

Reproduction et sélection. Le brun étant un Canari dilué, vous pouvez l'accoupler avec ses semblables ou avec un brun pastel, brun opale, ou INO oxydé. Le brun est un facteur lié au sexe. Un degré de consanguinité trop élevé peut favoriser l'apparition de bordures claires sur les plumes et les pennes, considérées comme un défaut. Dans ce cas, ne gardez pas ces sujets pour la reproduction.

L'AGATE

Epoque et provenance	début xxe siècle, Europe
Taille	12-13 cm
Caractéristiques	reflets identiques à ceux d'une agate
Qualités de reproducteur	excellentes, pour éleveurs débutants

Caractéristiques générales. L'Agate est issu d'une mutation liée au sexe engendrant le premier facteur de dilution, aux effets réducteurs légers sur les mélanines noires et très prononcés sur les brunes. Cette dilution donne naissance à un beau manteau couleur gris plomb à reflets bleutés évoquant l'agate. Tout en étant un brun noir dilué, l'Agate doit avoir les pattes et le bec de couleur chair claire. Ses yeux, (surtout ceux de la femelle) sont gris, la sous-plume également.

Caractéristiques chromatiques. D'abord, un dessin le plus foncé possible, des rayures bien marquées sur le dos et les flancs, courtes et ressemblant à des grains de riz. Les moustaches sont gris foncé. Les arcades sourcilières de l'Agate, dépourvues de mélanines, constituent la zone de concentration majeure des pigments lipochromiques jaune, orange rouge et blanc. Cette particularité est encore plus évidente chez le Canari agate mosaïque.

Reproduction et sélection. L'Agate étant un Canari dilué, appariez-le de préférence avec un autre Agate, ou avec un autre dilué.

L'ISABELLE

Epoque, et provenance	fin XIXe siècle, Europe
Taille	12-13 cm
Caractéristiques	couleur du manteau d'une reine du même nom
Qualités de reproducteur	excellentes, même pour éleveurs débutants

Caractéristiques générales. C'est avec l'Isabelle que nous allons clore le chapitre des mélaniques de type classique. Ce Canari est un brun dilué : il ne possède donc que des mélanines brunes, très diluées de surcroît. Son bec et ses pattes sont de couleur chair, ses yeux brun clair. La sous-plume de l'Isabelle est gris clair.

Caractéristiques chromatiques. Sur fond brun très clair caractéristique de l'Isabelle, se détache un dessin de couleur légèrement plus sombre, limité au dos. Chez les sujets d'excellente qualité, ce dessin comportera des rayures courtes et rapprochées, ou qui ressembleront à des grains de riz. Les Isabelle sont répartis en six variétés et trois catégories.

Reproduction et sélection. Pour obtenir de bons spécimens, appariez les Isabelle entre eux. Si vous désirez en revanche obtenir un Canari au manteau d'un brun plus dilué, croisez l'Isabelle avec un Agate. Le facteur isabelle est lié au sexe. Si le mâle reproducteur est un Isabelle, la progéniture femelle sera isabelle, tandis que la progéniture mâle sera porteuse de ce facteur.

LE PASTEL

Epoque et provenance	années 50, Europe
Taille	12-13 cm
Caractéristiques	coloration très pâle et délicate
Qualités de reproducteur	excellentes, même pour éleveurs débutants

Caractéristiques générales. Le facteur pastel, second facteur de dilution, provoque la dilution des eumélanines noires et brunes à l'origine du dessin. Ce dernier prend alors des teintes plus douces évoquant celles d'un pastel. Chez les bruns et les isabelle, Canaris pourvus seulement d'eumélanines brunes, le facteur pastel entraîne la disparition totale du dessin. Chez les brun-noir et les agate, le dessin sera seulement moins marqué. Les quatre types classiques comprennent ce facteur qui s'associe à une des six variétés lipochromiques pour donner par exemple l'olive (vert pastel et ivoire).

Reproduction et sélection. Le facteur pastel est lié au sexe ; les femelles issues d'un mâle pastel seront pastel, les mâles eux seront porteurs. Quels sont les meilleurs appariements ? Reportez-vous aux types classiques pour le savoir, car le pastel n'est rien de plus qu'un facteur de dilution venant s'ajouter aux autres.

Brun noir pastel

Chez les Canaris brun-noir, le noir du dessin devient gris clair sous l'effet du facteur pastel. La sous-

plume reste gris foncé, les yeux, le bec et les pattes également. Certains Canaris brun noir pastel présentent une autre particularité : les pennes de leurs ailes et quelquefois même celles de leur queue sont plus claires en leur centre qu'à l'accoutumée : elles semblent être barrées d'un trait blanc bordé de gris foncé. Ce phénomène est dû à la disparition quasi totale des mélanines. Ces zones plus claires sont présentes quelquefois sur le dos et les côtés.

Le brun pastel
C'est celui dont la coloration brune du plumage est la plus prononcée. Sous l'effet de la phaemélanine brune oxydée, le dessin du dos et des flancs a disparu. De par la couleur, le brun pastel ressemble à un Isabelle dépourvu de dessin. La sous-plume est gris foncé. Le bec, les pattes et les yeux sont bruns.

L'agate pastel
Après avoir subi l'influence du premier facteur de dilution (réduction des phaemélanines brunes), l'agate pastel subit fortement celle du second, responsable de la dilution des eumélanines noires et brunes. Son plumage a beau être gris perle et non plus anthracite, on y reconnaît bien distinctement le dessin typique de l'Agate. L'Agate pastel a le bec, les pattes et les yeux également gris.

L'isabelle pastel
La coloration brune si délicate de ces Canaris est tellement diluée que le dessin n'est plus visible. Un Isabelle pastel qui présenterait la moindre trace de dessin serait disqualifié. Le bec, les pattes et les yeux sont de couleur brun clair.

L'OPALE

Epoque et provenance	années 60, Europe
Taille	12-13 cm
Caractéristiques	couleur à reflets irisés comme ceux d'une opale
Qualités de reproducteur	excellentes, même pour éleveurs débutants

Caractéristiques générales. Le facteur opale entraîne une très forte réduction et dilution des mélanines, bien plus encore que le facteur pastel. Il a pour particularité d'inhiber les eumélanines brunes à l'origine du dessin sur le dos et les flancs, et de réduire les phaemélanines (oxydation des pattes et du bec) ainsi que les eumélanines noires (dessin noir). Le plumage des Canaris opale est clair mais leur sous-plume foncée (gris foncé chez les Canaris brun-noir, agate et beige chez les Isabelle). Résultat ? Un effet optique d'opalescence semblable à celui de la pierre précieuse portant le nom d'opale. Le facteur opale s'associe aux quatre types classiques, aux six variétés lipochromiques, et aux trois catégories. Un exemple de cette combinaison : agate opale orange rouge mosaïque.

Reproduction et sélection. Le facteur opale est récessif et n'est pas lié au sexe. Pour se manifester, il doit être légué par les deux parents.

Le brun noir opale

Ce facteur n'exerce son action que sur le plumage ; le bec, les pattes restent noirs. Avec la disparition du brun des plumes et des pennes, le noir du dessin ressort distincte-

ment. Le Canari est d'un gris bleuté sur lequel se détache nettement le dessin.

Le brun opale

Chez le brun opale, le facteur de dilution extrême est responsable de la quasi-disparition du dessin brun ; le manteau semble recouvert d'une patine brunâtre. Le brun opale idéal possédera un manteau teinté de brun, ce qui lui donnera une couleur beige. La sous-plume, plus foncée, a une nuance bleuâtre. Le bec, les pattes et les yeux sont de couleur brunâtre. S'ils ne sont pas tellement typés, on peut prendre ces oiseaux pour des Isabelle opale.

L'Agate opale

La pigmentation brune a disparu complètement pour laisser la place aux mélanines noires diluées. Le manteau prend une coloration gris bleuté, la couleur de la sous-plume, plus foncée, tend au gris-bleu. Tout en étant moins marqué, le dessin caractéristique de l'Agate devra continuer à bien se détacher sur la teinte de fond. Le bec, les yeux et les pattes sont gris. L'Agate opale argenté, dont le dessin gris ressort sur fond gris clair presque blanc, est un oiseau de toute beauté.

L'Isabelle opale

Chez les Isabelle, le facteur opale est responsable de la disparition presque totale du brun (le noir avait déjà disparu sous l'effet du facteur isabelle) en donnant l'impression que le manteau est recouvert d'une légère patine. Ceci explique que les non-connaisseurs puissent prendre cet Isabelle pour un lipochrome. Et pourtant, à la différence du lipochrome, la sous-plume de l'Isabelle opale, beige clair, contient encore des mélanines. Le bec et les pattes sont de couleur chair.

L'INO

Epoque et provenance	années 60, Belgique
Taille	12-13 cm
Caractéristiques	yeux rouges
Qualités de reproducteur	excellentes, même pour éleveurs débutants

Caractéristiques générales. L'iris des Canaris INO étant dépourvu de mélanines, il laisse voir le sang par transparence. Et voilà pourquoi les Canaris INO ont les yeux rouges ! Leur plumage subit l'influence du quatrième facteur de dilution qui entraîne la disparition complète des mélanines noires tout en laissant intactes les brunes. En absence des mélanines noires du dessin, la zone centrale de pennes semble décolorée, le brun ne fait que la border. Ainsi, le Canari INO donne l'impression de posséder un charmant manteau clair constellé d'ourlets. Ce quatrième facteur de dilution agit sur les quatre types classiques, qu'il est difficile de déterminer en raison de la pâleur de la partie centrale des pennes. Les INO sont donc divisés en **INO oxydé** (brun-noir et brun), et **INO dilué** (agate et isabelle). De toute façon, en raison de son effet particulier sur le plumage, il est déconseillé d'introduire le facteur INO chez les Canaris pastel et opale. On a coutume de considérer les Canaris INO seulement comme des albinos partiels, car en dépit de leurs yeux rouges, ils conservent une trace de mélanines brunes dans leur plumage.

Reproduction et sélection. Le facteur INO est récessif et n'est pas lié au sexe. Pour être INO, un Canari doit être issu de père et de mère tous deux INO. En accouplant un INO avec un Canari ordinaire, vous obtiendrez des porteurs. Il est toutefois préférable d'apparier les INO entre eux. En ce qui concerne les INO oxydés, appariez de préférence **pur** x **porteur.** En revanche, servez-vous de bons INO dilués pour améliorer l'agate et l'isabelle (pastel ou opale).

Les INO oxydés

Ils regroupent toutes les variétés et catégories de brun-noir et de bruns. Le dessin de leur plumage est peu visible ; sur les plumes et les pennes, il prend l'aspect d'une zone claire bordée de brun. Le plumage ressemble alors à des écailles. Ce résultat, du plus heureux effet chez les INO oxydés argent, l'est déjà beaucoup moins chez les INO à plumage jaune et ceux à plumage orange rouge chez

qui le lipochrome prend une teinte peu franche tirant sur le brun. La sous-plume, grise chez les brun-noir est brunâtre chez les bruns ; le bec et les pattes sont couleur chair.

Les INO dilués

L'Agate et l'Isabelle appartiennent aux INO dilués. Les INO dilués sont difficiles à distinguer des lipochromes : leur plumage contient des mélanines si diluées qu'il semble à peine recouvert d'un voile brunâtre. Seuls les habitués réussissent à faire la différence au premier coup d'œil. En cas de doutes, contrôlez la couleur de la sous-plume. Blanche chez les Canaris lipochromes, elle est en revanche gris clair ou beige clair chez les INO dilués (gris chez les Agate, beige clair chez les Isabelle).

LE SATINE

Epoque et provenance

Taille

Caractéristiques

Qualités de reproducteur

début des années 70, Europe
12-13 cm
yeux rouges
excellentes, même pour éleveurs débutants

Caractéristiques générales. Voici le cinquième facteur de dilution. Il entraîne la disparition des eumélanines noires du dos. Les eumélanines brunes sont conservées mais la phaemélanine est fortement diluée. Les mélanines sont également absentes de l'iris des Satinés. A l'instar des INO, les Satinés auront donc les yeux rouges. A l'opposé du facteur INO, le facteur satiné a un effet décolorant sur la partie extérieure de la plume. Les Satinés semblent être les négatifs des INO.

Caractéristiques chromatiques. Le Satiné ressemble à un Isabelle, mais son dessin est plus visible. La sous-plume est grisâtre.

Reproduction et sélection. Ce facteur étant lié au sexe, vous avez intérêt, si vous voulez constituer une souche, à prendre au départ un mâle de qualité. Attention à ne pas répéter sur de nombreuses générations les appariements entre Satiné uniquement, vous risqueriez d'obtenir des sujets fragiles, stériles et presque aveugles. Pour échapper à ce risque, croisez-les avec les Isabelle.

Expositions et associations ornithologiques

L'esprit de compétition est inhérent à l'être humain. Que celui qui ne s'est jamais surpris à vanter la grosseur de sa pêche ou la beauté d'un objet sorti de ses mains lève le doigt ! Je suis sûre d'avance que je n'en verrai pas un en l'air ! Les premiers concours de beauté et de chant de Canaris sont une illustration de cette tendance humaine : on a commencé à établir des comparaisons entre ses oiseaux et ceux des autres avec le concours d'une tierce personne érigée en juge. Cette démarche supposait évidemment le regroupement en association d'individus partageant la même passion pour l'ornithologie.
C'est ainsi qu'en 1951 naquit la FFO (Fédération Française d'Ornithologie). Elle se proposait de rassembler tous les passionnés d'ornithologie, afin de leur permettre de discuter ensemble de leurs problèmes communs et d'organiser ces expositions qui connaissent un tel succès aujourd'hui. Divisée en différents clubs et associations locales, la FFO possède plus de 2 500 inscrits originaires de la France entière.

COMMENT OBTENIR L'ADRESSE DE CES ASSOCIATIONS ORNITHOLOGIQUES ?

Adressez-vous directement au siège de la FFO : 1, lotissement les Roussières, 85550 La Barre-des-Monts (ou rendez-vous à une des expositions organisées de septembre à janvier dans la France entière).

COMMENT S'INSCRIRE A LA FFO ?

Il faut au préalable faire partie d'un club ou d'une association ornithologiques affiliés à la FFO. En échange d'une cotisation annuelle, vous recevrez des bagues à enfiler à la patte de vos Canaris, sur lesquelles seront gravés : le numéro de souche de l'éleveur, le sigle de la FFO, l'année en cours, et le numéro d'ordre de l'oiseau. En outre, vous serez automatiquement abonné au Journal des Oiseaux et vous pourrez participer à la vie associative et aux expositions.

PHASES DU BAGUAGE

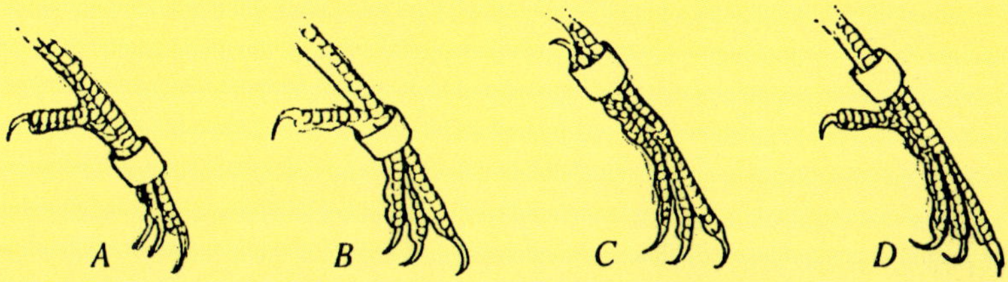

Vers 7-8 jours, il faut enfiler délicatement la bague métallique fermée à la patte du canari, en suivant les étapes décrites par le dessin. Une fois le membre grandi, la bague ne peut plus être enlevée et le Canari portera son « pedigree » toute sa vie

Championnat mondial de Berne 1991. Des rangées de cages contenant des milliers de sujets, parmi les plus beaux du monde

Participer aux expositions

Revenons aux expositions. On ne manque pas d'être très ému en en visitant une, surtout si on se retrouve, pour la première fois, en présence de milliers de Canaris dont on ignorait l'existence jusque-là. Ces expositions fournissent aux spécialistes l'occasion de voir les sujets d'autres élevages et de les comparer aux leurs, et d'entrer en contact avec d'autres éleveurs pour réaliser des échanges par la suite. Amateur ou professionnel, personne ne peut résister à cette débauche fascinante de formes et de couleurs.

Pour votre Canari, l'exposition commence une fois que vous avez payé les droits d'inscription et que vous le placez dans la cage concours prêtée par le comité organisateur. L'enlogement sera suivi d'un jugement à huis clos. Ce jugement sera émis par des experts agréés par la Fédération nationale. Le juge comparera l'oiseau au

Les Canaris chanteurs sont hébergés dans des cages appropriées en attendant leur tour pour se produire devant les juges et le public

COMMENT PARTICIPER A CES EXPOSITIONS

Pour pouvoir participer à une exposition, il faut s'y être inscrit au préalable. Vous devez en outre posséder des Canaris portant la bague FFO. Les sujets que vous désirez exposer doivent être nés dans l'année correspondant à la classe dans laquelle ils vont concourir, il s'agit donc de Canaris jeunes.

standard idéal, et lui attribuera un pointage pouvant aller jusqu'à cent. Les meilleurs sujets obtiendront des scores compris entre quatre-vingt-dix et quatre-vingt-onze points, et quelquefois même quatre-vint-treize à quatre-vingt-quatorze points. Les juges considèrent qu'il est inutile de destiner à la reproduction les Canaris n'ayant obtenu que quatre-vingt-six à quatre-vingt-sept points, car ils n'ont aucune chance d'améliorer les caractéristiques des descendants.

Les expositions locales sont ouvertes au public. Vous pourrez consulter les fiches de jugement accrochées aux cages. Lisez ces indications attentivement, elles pourront en effet vous être utiles par la suite lors de futurs appariements avec vos « champions ».

L'exposition-concours se termine sur l'attribution de prix aux meilleurs sujets. Beaux ou moins beaux, tous les participants auront besoin, une fois l'exposition terminée, de beaucoup de repos, d'aliments frais et variés, quelquefois même d'un complexe polyvitaminé. Car si ces concours sont pour vous un facteur de stress, ils le sont également pour votre Canari.

Index analytique

Achevé d'imprimer
en janvier 1993
à Milan, Italie, sur les presses
de Grafiche Milani

Dépôt légal : janvier 1993
Numéro d'éditeur : 3051